THÈSE

DE

DOCTORAT EN DROIT.

DROIT ROMAIN.

QUI POTIORES IN PIGNORE VEL HYPOTHECÂ HABEANTUR.

DIG. L. XX. T. IV.

DROIT FRANÇAIS.

DE LA SUBROGATION A L'HYPOTHÈQUE LÉGALE DE LA FEMME MARIÉE.

Par ÉMILE GUYOT,

AVOCAT A LA COUR IMPÉRIALE DE PARIS.

PARIS

IMPRIMERIE ET LIBRAIRIE CENTRALES DES CHEMINS DE FER

DE NAPOLÉON CHAIX ET Cⁱᵉ,

RUE BERGÈRE, 20.

1858

THÈSE

DE

DOCTORAT EN DROIT.

THÈSE

DE

DOCTORAT EN DROIT.

L'ACTE PUBLIC SUR LES MATIÈRES CI-APRÈS SERA SOUTENU,

Le lundi 16 août 1858, à une heure.

PAR ÉMILE GUYOT,

AVOCAT A LA COUR IMPÉRIALE DE PARIS,

Président : M. COLMET-DAAGE, Professeur.

Suffragants :
{ MM. PELLAT,
VALETTE,
BONNIER,
DEMANGEAT, suppléant. } Professeurs.

PARIS

IMPRIMERIE CENTRALE DE NAPOLÉON CHAIX ET Cᵉ,

20, rue Bergère, près du boulevard Montmartre.

1858

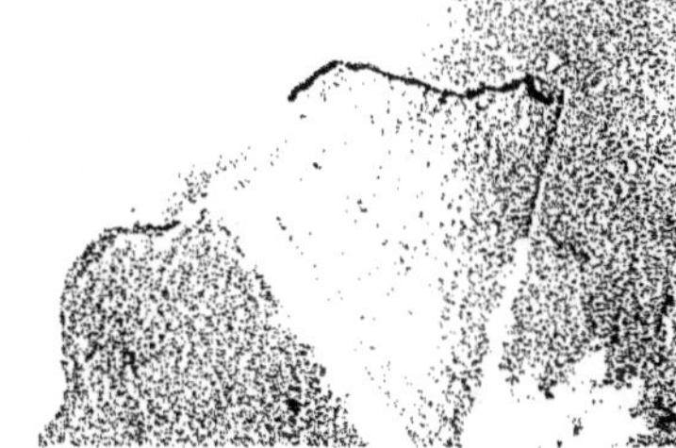

A MON PÈRE.

A MON GRAND-PÈRE.

THÈSE

DE

DOCTORAT EN DROIT.

DROIT ROMAIN.

QUI POTIORES IN PIGNORE VEL HYPOTHECÂ HABEANTUR ET DE HIS QUI
IN PRIORUM CREDITORUM LOCUM SUCCEDUNT.

(Digeste, Liv. XX, titre IV.)

Ce travail sera divisé en deux parties indiquées par la nature du sujet et la rubrique donnée par Justinien. J'examinerai dans la première partie la règle *prior tempore potior jure ;* dans la seconde, les différents cas désignés sous l'expression générale *successio,* dans lesquels un tiers prend la place de l'ancien créancier désintéressé.

PREMIÈRE PARTIE.

Qui potiores in pignore vel hypothecâ habeantur.

La règle applicable ici est celle si connue et qui s'énonce comme il suit : *Prior tempore, potior jure.* Elle indique par son expression même que le droit de préférence, le plus utile attribut de l'hypothèque, tient à l'époque même de la formation du droit ; et comme le droit d'hypothèque prend presque toujours sa source dans la convention des parties, il est juste de dire que pour déterminer le droit de préférence qui résulte de l'hypothèque, il faut s'attacher à la convention et à l'époque même de cette convention; bien différent en cela du droit de préférence, qui est l'attribut du privilége, et qui prend sa source dans la cause même de la créance : *privilegia æstimantur haud ex tempore, sed ex causâ.* Remarquons en passant que le privilége n'était pas chez les Romains ce droit réel opposable à tous que notre article 2095 a qualifié : « Un droit que la qualité de la » créance donne à un créancier d'être préféré aux autres créanciers » même hypothécaires. » En droit romain, le privilége venait seulement après le gage et l'hypothèque, mais avant les créanciers qui n'avaient qu'un droit personnel contre le débiteur; d'où vient sans doute l'appellation de priviléges personnels. Ceux d'entre les priviléges qui, par exception, primaient les hypothèques, se nommaient hypothèques privilégiées.

L'hypothèque prenait rang du jour de la convention, sans aucune condition de publicité. Les idées de crédit foncier, si communes de nos jours, étaient inconnues à Rome. La propriété, il est vrai, ne s'y transmettait pas d'une manière occulte : la *mancipatio,* la *cessio in jure,* la tradition, attestaient à tous que la chose changeait de maître. Mais toutes ces nécessités de forme n'étaient pas exigées pour empêcher les fraudes et rassurer le crédit, comme est, par exemple, notre récente loi sur la transcription. De pareilles idées demandent une civilisation trop avancée. Les modes publics de transmission de propriété avaient leur origine dans ce besoin des peuples barbares de s'attacher plutôt à la réalité des faits qu'à l'élément invisible de la volonté des parties.

L'hypothèque venant à une époque dans laquelle le spiritualisme gagnait tous les jours du terrain, ne suivit pas l'exemple des autres droits réels. Les préteurs qui la créèrent ne l'assujettirent pas à la publicité.

Impossible donc au créancier qui recevait une hypothèque de savoir d'une manière certaine si son débiteur n'avait pas, par des constitutions antérieures, épuisé la valeur de la chose.

La convention, bien qu'occulte, avait donc un double but : donner naissance à l'hypothèque et déterminer son rang.

Il importe en conséquence de savoir à quel moment cette convention était parfaite. Plusieurs textes sont consacrés à ce sujet. De tous

ces différents passages de jurisconsultes on peut tirer cette formule :
que le droit d'hypothèque est assis et prend rang du jour où la chose
ne peut plus être dégrevée sans la volonté du créancier.

C'est ce qu'exprime le *proœmium* de la loi 9 de notre titre. Le jurisconsulte Africain y fait l'hypothèse suivante : le locataire d'une maison
de bains avait affecté l'esclave Eros au paiement des loyers, puis avant
l'échéance du premier terme, il emprunte d'un tiers et lui constitue hypothèque sur le même esclave Eros. Le jurisconsulte se demande qui doit
avoir le premier rang, du locateur ou du créancier ? Le propriétaire des bains est bien *prior tempore*, mais au moment où l'hypothèque a été constituée à s[illegible] encore rien dû ;
c'est de cette dernière circonstance [illegible] doute, c'est elle
qui pourrait faire pencher en faveur du créancier, quoique *posterior
tempore*. Mais Africain statue pour le locateur : *quoniam tamen jam
tunc in eâ causâ Eros esse cepisset, ut,* invito locatore *jus pignoris in
eo solvi non posset, potiorem ejus causam habendam.* Les lois 1, 9
§§ 1er et 2e, 11 pr. et § 1er, sont des applications de cette idée.

Lors[que] le futur débiteur hypothèque sa chose au profit de *primus*
qui doit lui donner une certaine somme et pour la garantie de cette
somme, l'hypothèque prend date du jour de la réalisation des espèces
par le débiteur, et non du jour de la convention. Et Gaïus d'ajouter
en donnant cette solution : *poterat enim debitor licet ante convenit,
non accipere ab eo pecuniam.* Si le grevé d'hypothèque avait la faculté de ne pas devenir débiteur, il est clair qu'il tenait entre ses
mains le sort de l'hypothèque ; qu'un second créancier ait reçu hypothèque utilement dans l'intervalle de la convention et de la remise
des fonds, il primera le premier créancier.

Il faudrait donner une solution contraire si le grevé d'hypothèque
avait pu être forcé de recevoir les fonds ; l'hypothèque alors remon-
terait au jour de la convention. En effet, le grevé ne tiendrait pas
alors entre ses mains le sort de l'hypothèque. Telle est l'hypothèse
prévue par la loi première du titre. Un homme qui a promis une dot
au mari s'est fait donner une hypothèque par ce dernier pour en assurer la restitution. Il s'agit alors d'une *dos profectitia* ou *receptitia*.
Avant d'avoir reçu la dot entière, le mari emprunte d'un tiers et lui
constitue hypothèque sur la même chose. Plus tard, le promettant la
dot paie ce qu'il reste devoir au mari, *quærebatur de pignore* ;
faut il ici, comme dans la loi 11, consulter l'époque de la réalisation

des espèces pour déterminer le rang? de telle sorte que le promettant la dot aurait le premier rang pour l'à-compte versé d'abord, et le troisième pour ce qu'il a payé après la constitution faite au second créancier. Non; le rang remontera au jour de la convention, parce qu'à partir de ce moment, il ne dépendait plus du mari d'anéantir l'hypothèque en refusant de recevoir la dot; sans cela la femme aurait été *minus dotata* ou *indotata*. On peut dire que le droit de gage ne peut plus être levé sans l'assentiment du créancier *invito creditore*. Il faut même ajouter, dans l'espèce, que ni le débiteur ni le créancier n'auraient ce pouvoir. Et Papinien, qui donne cette solution, d'ajouter : *alia causa est ejus qui pignus accepit, ad eam summam, quam intra diem certum numerâsset, ac forté priùs, quam numeraret, alii res pignori data est.*

Dans l'hypothèse d'une créance conditionnelle avec constitution d'hypothèque, le rang court du jour de la convention si la condition se réalise; car, dit le jurisconsulte : *cum enim semel conditio extitit perinde habetur ac si illo tempore, quo stipulatio interposita est, sine conditione facta esset.* Le débiteur a donc été engagé depuis cette époque de la convention; il ne pouvait plus se dégager *invito creditore.* Mais remarquons toujours que la condition dont il s'agit ici ne doit pas être celle qu'il soit au pouvoir du débiteur de faire arriver ou d'empêcher. *Si modo non ea conditio sit quæ invito debitore impleri non possit.* Sans cela la chose eût pu être dégrevée malgré le créancier.

A présent que nous savons ce qu'on entend par la primauté du temps, *prior tempore*, passons à la conséquence exprimée par ces mots : *potior jure.*

Le créancier qui avait la priorité de rang jouissait de trois droits principaux : celui de faire vendre la chose, *jus distrahendi*, celui d'être payé sur le prix par préférence à tous autres; et enfin, le droit de suite contre tout détenteur de la chose. Le créancier postérieur n'avait pas le *jus distrahendi*, c'est là une des particularités du droit romain, particularité que le droit français a rejetée, mais qui n'a pas été sans influence sur notre législation (voy. l'art. 1251, § 1er) ; mais contre tous autres que le premier créancier, ce créancier postérieur avait le droit de suite et le droit de préférence, *sed si cum alio possessore creditor secundus agat, recte aget, et adjudicari ei poterit hypotheca, ut tamen prior cum eo agendo, auferat ei rem.* Soit, en conséquence, le fonds A hypothéqué dans l'ordre suivant à *Primus*, *Secundus* et *Tertius; Primus* seul pouvait faire vendre ; si le prix ne suffisait pas pour les payer tous les trois, les fonds manquaient sur *Tertius* avant de manquer sur *Secundus*, sur celui-ci avant de manquer sur *Primus*. Cette hypothèse ne présente aucune difficulté.

Mais que décider si *Primus* a une hypothèque générale qui grève tous les biens du débiteur, et *Secundus* seulement une hypothèque spéciale sur le fonds A ? *Secundus* peut-il tenir ce langage à *Primus ?* Vous avez, en vertu de la généralité de votre hypothèque, la faculté de vous faire payer sur le restant des biens du débiteur, ne venez pas m'enlever le seul gage qui me compète, puisque votre intérêt bien entendu ne vous force pas à me nuire.

Primus répondra victorieusement :' « La généralité de mon hypo-
» thèque me donne le droit de choisir pour mon gage dans tous
» les biens du débiteur; je choisis donc le fonds A; tant pis pour vous
» si j'empêche votre paiement, c'est une mauvaise chance à laquelle
» il fallait vous préparer. » Cette solution est donnée en ces termes par Papinien, dans la loi 2 : *Qui generaliter bona debitoris accepit, eo potior est, cui postea prædium ex his bonis datur quamvis ex cæteris pecuniam suam redigere possit.* Ce passage doit être médité par les jurisconsultes modernes, car chez nous rien n'a donné lieu à plus de difficultés, à plus de systèmes que le concours des hypothèques générales et spéciales. On comprend, en effet, que du caprice ou de la fraude du créancier à hypothèque générale dépende le paiement ou le non-paiement de tel ou tel créancier à hypothèque spéciale; *Primus*, auquel il est dû 100,000 fr., a hypothèque générale sur l'immeuble A et sur l'immeuble B, vendus chacun 100,000 fr.; *Secundus* a une hypo-thèque de pareille somme, mais spéciale, sur l'immeuble A ; *Tertius*, pour pareille somme a hypothèque spéciale sur l'immeuble B. La question de savoir qui de *Secundus* ou de *Tertius* recevra sa créance, ne sera résolue que par l'option de *Primus* de se faire colloquer sur l'immeuble A ou sur l'immeuble B. Cette épée de Damoclès, suspen-due sur la tête des deux créanciers spéciaux, nécessitera de leur part bien des sacrifices. *Primus* peut mettre à l'encan son option ou son abstention. Ce résultat fâcheux, qui tient à la nature même de l'hypo-thèque générale, n'avait pas effrayé les Romains. Les termes du juris-consulte ne comportent pas de double entente : *eo potior est.... quam-vis ex cæteris pecuniam suam redigere possit.*

Le caprice seul de *Primus* fera la loi.

Un autre cas où l'application de la maxime *prior tempore potior jure* pouvait donner lieu à controverse était celui-ci : plusieurs créanciers reçoivent à différentes époques une hypothèque sur des biens à venir; il y a lieu de se demander si le bien qui entrera par la suite dans le patrimoine du débiteur sera grevé au profit des créanciers, par concurrence ou selon l'ordre des différentes constitutions ? Cette question est encore controversée aujourd'hui : dans le droit romain, trois fragments semblent donner raison aux partisans de trois systèmes : c'est la loi 7, § 1er, la loi 21 de notre titre et la loi 28 de *jure fisci*.

Le premier de ces textes fait venir les créanciers par concurrence.

Le second accorde la préférence au créancier auquel, le premier, avait été donnée l'hypothèque générale.

Le troisième prend le contre-pied du second, c'est le créancier postérieur qui doit être préféré au créancier antérieur sur le nouveau bien. Il est vrai que la difficulté se complique de ce qu'ici le créancier postérieur est le fisc lui-même au profit duquel une hypothèque privilégiée existerait sur les biens futurs, d'après une constitution d'Antonin Caracalla.

Ces antinomies ont enfanté des conciliations hasardées.

Le paragraphe premier de la loi 7 doit, ce me semble, être mis hors de cause.

Voyons d'abord l'hypothèse qu'il prévoit. — J'ai constitué deux hypothèques, l'une générale sur les biens présents et à venir, l'autre spéciale sur tel bien à venir. — Marcellus, et Ulpien d'après lui, décident que le bien dont s'agit, une fois entré dans le patrimoine du débiteur, sera grevé au profit des deux créanciers qui viendront par concurrence. Le raisonnement que les jurisconsultes mettent dans la bouche du créancier à hypothèque spéciale est curieux : qu'importe, dit-il, au créancier à hypothèque générale, qu'importe que le fonds ait été acheté par notre débiteur avec des fonds qui vous étaient hypothéqués? *Quippe cum res ex nummis pignoratis empta, non sit pignorata ob hoc solum, quod pecunia pignorata erat.* — On ne comprend pas que le créancier à hypothèque générale n'ait pas fait valoir l'argument bien sérieux résultant de la priorité de la convention. Ce silence des jurisconsultes à cet égard a fait penser que les deux créanciers avaient reçu leur hypothèque à la même époque.

Rien dans le texte ne repousse cette conciliation : *Si tibi quæ habiturus sum et Titio specialiter fundum.* Marcellus n'indique pas par ces termes que la constitution d'hypothèque ait eu lieu à des époques différentes. — Le contraire s'induit plutôt de ce membre de phrase. Ajoutons que cette manière d'expliquer le § 1er de la loi 7 n'est que l'application de cette règle de bon sens qu'il faut entendre les lois *secundum subjectam materiam.* En effet, quelle était la matière soumise au jurisconsulte? quelle était la question à laquelle il voulait répondre? Les pupilles ont un privilége sur les choses achetées avec leurs fonds. Telle est la solution que donne le jurisconsulte dans le *proemium* de la loi qui nous occupe, et, continuant le même ordre d'idée, Marcellus se dit : de ce qu'une chose a été achetée avec les fonds d'un mineur, ceux-ci ont une hypothèque au premier rang ; faut-il à celui auquel l'argent était hypothéqué, donner le même droit de préférence sur les biens achetés avec ce même argent? Et le jurisconsulte d'avertir qu'il n'en peut être ainsi. — On peut remarquer encore, si Pomponius avait eu envie d'établir un droit de concours entre deux créanciers ayant reçu à diverses époques hypothèque sur les biens à venir, combien serait futile l'argument qu'il mettrait dans la bouche du premier créancier, au cas où le fonds arriverait *à titre gratuit* dans les mains du débiteur.

Restent les derniers fragments. La loi 21, *proemium*, suppose que Titius débiteur de Seja d'un reliquat de compte de tutelle, lui a constitué une hypothèque générale sur ses biens présents et à venir; Titius emprunte au fisc, consent à son profit la même garantie, paie une partie de sa dette à Seja, et pour le surplus fait novation avec elle en renouvelant l'hypothèque générale primitive. La novation faite dans ces termes ne peut nuire à Seja dans ses rapports avec le fisc, voilà qui est bien certain. Elle reste donc préférable au fisc, au moins sur les biens acquis avant que le fisc n'ait traité. Mais appliquera-t-on la règle *prior tempore potior jure,* à l'égard des biens acquis postérieurement à la convention faite avec le fisc? Pourquoi Seja et le fisc ne viendraient-ils pas alors par concurrence? Scævola, qui se fait cette question, y répond très laconiquement : *nihil proponi cur non sit Seja præferenda?* C'est donc l'application de la règle *prior tempore,* etc.

La loi 28 de *jure fisci* qui prévoit la même hypothèse, donne préférence au fisc sur les biens postérieurs. Au dire de jurisconsultes, il y aurait ici une application d'un privilége spécial résultant en faveur du fisc d'une constitution de Caracalla; mais ce prétendu privilége est fortement contesté. D'abord, la constitution dont s'agit n'a pas été retrouvée. La seule faveur n'existant pas du temps de Scœvola, et accordée au fisc du temps d'Ulpien, est le bénéfice de l'hypothèque tacite. Aussi Scœvola dit-il : *postea mutuatus a fisco pecuniam, pignori ei res suas omnes obligavit*. Et Ulpien se sert de cette formule, *cum fisco contraxerit* sans parler d'une constitution expresse d'hypothèque. La solution la plus adoptée est celle qui consiste à regarder le fisc comme ayant traité le premier avec le débiteur : *si qui mihi obligaverat quæ habet, habiturusque, cum fisco* contraxerit. Le mot *contraxerit* exprimerait le passé ; l'expression *prævenit enim causam pignoris fiscus* marquerait aussi la priorité du fisc dans l'ordre du temps.

Au surplus, que cette conciliation soit bonne ou mauvaise et dût-on regarder le fisc comme ayant traité le dernier et ayant du temps d'Ulpien un privilége sur les biens à venir, la solution de Scœvola dans la loi 21 n'en serait pas altérée. Celui-ci parle du fisc comme de tout autre créancier. Si plus tard le fisc a eu une hypothèque privilégiée sur les biens à venir, les créanciers ordinaires ne l'avaient pas. Il resterait donc à prouver que Scœvola, en refaisant son exemple du temps d'Ulpien, n'eût pas tenu le même langage en mettant à la place du fisc, second traitant, un créancier quelconque.

En résumé, le droit romain appliquait encore à cette matière la règle *prior tempore, potior jure* (1).

Nous arrivons maintenant aux exceptions à la règle *Interdum posterior potior est priori* (loi 5).

Chez nous l'article 2102, § 3, donne un privilége à celui dont les fonds ont servi à la conservation de la chose. La raison de ce privilége est puisée dans l'équité ; elle est exprimée d'une manière fort remarquable par Ulpien : *Hujus enim pecunia salvam fecit totius pignoris causam*.

Mais le droit romain ne donnait pas à quiconque la faculté d'acquérir un privilége par le moyen de la conservation de la chose ; la condition que le sauveur de la chose devait avoir un intérêt majeur à sa conservation était nécessaire. La chose devait lui être auparavant hypothéquée, c'est ce qu'expriment tous les textes : *Si*

---

(1) Le Code Napoléon n'a pas tranché la question par un texte formel ; mais la jurisprudence française paraît avoir adopté ce système, qui était, je crois, celui des jurisconsultes romains.

in rem istam conservandam impensum est, quod sequens (creditor) credidit ; et encore, *Veluti si navis fuit obligata,* et plus loin, *Si quis in merces sibi obligatas crediderit.*

Une seule exception avait été faite en faveur du mineur. Lorsque le tuteur achetait une chose en son nom avec les fonds du mineur, celui-ci avait tacitement une hypothèque privilégiée sur la chose acquise. Rien de plus juste, d'abord, parce que le mineur ne pouvant stipuler une sûreté spéciale, il était du devoir du législateur de l'établir pour lui, et, en second lieu, on pouvait dire de l'argent du mineur, non-seulement *salvam fecit totius pignoris causam,* mais que cet argent avait servi à créer le gage lui-même. Cette faveur était toutefois spéciale au mineur.

Enfin, les femmes avaient, d'après la loi *Assiduis,* au Code, sur les biens de leur mari une hypothèque privilégiée opposable même aux créanciers hypothécaires du mari antérieurs au mariage. Cette sûreté exorbitante, justement critiquée par tous les commentateurs, a valu à Justinien, qui l'avait établie, le surnom d'*uxorius legislator.*

Nous avons vu que la question de savoir si le fisc avait une hypothèque privilégiée, mais seulement sur les biens à venir de son débiteur, était controversée.

DEUXIÈME PARTIE.

De his qui in priorum creditorum locum succedunt.

PRÉLIMINAIRES.

L'hypothèque est un droit réel accessoire destiné à garantir l'exécution du droit principal. Ce droit principal éteint, avec lui tombe l'hypothèque par voie de conséquence. Dans la rigueur de la logique, l'accessoire ne peut survivre au principal, mais cette conclusion eût souvent blessé l'équité ; le droit romain ne l'a pas admise dans plusieurs circonstances que nous allons passer en revue.

CHAPITRE Ier.

DE LA NOVATION.

La novation est un mode d'extinction d'une ancienne créance par

la formation d'une nouvelle, qui sert au créancier de dation en paie·
ment. Les accessoires utiles de cette ancienne créance, tels que les
hypothèques et priviléges qui en assuraient le recouvrement, sont
éteints avec elle. La nouvelle créance n'est garantie que par les nou·
velles hypothèques constituées en sa faveur, avec rang du jour de la
convention. Le rang des hypothèques de l'ancienne créance est tota·
lement perdu.

Ce résultat n'est pas juste. En définitive, le créancier est toujours
créancier. La première créance est éteinte, mais elle n'est pas exécutée, et puis, n'est-ce pas son existence et plus tard son extinction
qui ont donné naissance à la nouvelle créance? Pourquoi, par un
effort de droit, ne rattacherait-on pas à cette nouvelle créance les
accessoires utiles de l'ancienne, l'hypothèque et son rang? Qui pourrait s'en plaindre? Le débiteur? il aurait mauvaise grâce à le faire.
Les créanciers postérieurs en hypothèque? mais on leur dira que bien
que la créance à laquelle était attachée l'hypothèque fût éteinte, elle
ne l'avait pas été au détriment du patrimoine de leur débiteur.

Il fut donc reçu, toutes les fois que la novation avait lieu dans la
personne du même débiteur, par changement de dette ou de créancier, de donner à la seconde créance les hypothèques et le rang de
la première, pourvu que leur maintien fût express ment convenu.
Cette nécessité d'une réserve expresse est supposée dans tous les
textes, *novatione factâ, pignora* prioribus *addidit* (loi 3), eadem pignora
cum aliis acceperit (loi 12, § 5). L'article 1278 du Code Napoléon n'a fait
que répéter la doctrine romaine. Au surplus, cette nécessité de réserve
expresse se présentait rarement sous Justinien entre un même créancier
et un même débiteur. Sous ce prince, la novation ne se présumait
pas, elle devait être expresse. Les parties qui voulaient conserver les
anciennes hypothèques n'avaient, par conséquent, qu'à garder le silence sur la novation elle-même. L'ancienne créance subsistant, ses
hypothèques subsistaient ainsi de plein droit.

Les fragments du titre : *Qui potiores*, ne parlent pas de la novation
judiciaire, mais on sait que celle-ci ne faisait jamais perdre l'hypothèque qui subsistait tant que le créancier n'avait pas été entière-
ment payé. Ici la persistance de l'hypothèque était de plein droit, la
novation résultant de la *litis contestatio* et de la *condemnatio* ne
pouvant nuire au créancier.

CHAPITRE II.

DE LA SUCCESSIO IN LOCUM PRIORIS CREDITORIS.

Notre droit français désigne sous le nom général de subrogation les différentes hypothèses dans lesquelles un tiers entre dans les droits du créancier *qu'il désintéresse*. Le mot *subrogatio* n'était pas connu chez les Romains ; ils exprimaient la même idée par ces mots : *successio in locum alterius, beneficium cedendarum actionum*. Lorsque le créancier vend sa créance à un tiers en le constituant *procurator in rem suam*, il y a bien, de la part de ce tiers, une véritable *successio in locum creditoris*, mais pas avec les mêmes caractères que celle dont nous voulons parler. En effet, dans la *successio*, appelée par les modernes *subrogatio*, l'élément essentiel est dominant et que la dette est payée au créancier avec les deniers d'un tiers : ce tiers n'est jamais un spéculateur comme dans la *cessio nominis*. De plus, la *cessio nominis* n'a lieu que par la volonté du créancier, la *successio* peut être opérée malgré lui par la seule force de la loi.

Le titre IV distingue trois cas de *successio* :

Celui appelé le plus communément *jus offerendi* ;

De la *successio* par le débiteur ;

De la *successio* au profit du tiers détenteur.

A titre de complément, j'y ajouterai ce que les Romains appelaient proprement le *beneficium cedendarum actionum*, et commencerai par là les explications (1250, 2°; 1251, § I, II et III Code Napoléon).

§ Ir. — *Du beneficium cedendarum actionum.*

Soit un débiteur principal et plusieurs fidéjusseurs : si l'un d'eux a payé le créancier, la dette est éteinte à l'égard de tous ; aucune difficulté si le débiteur lui-même a acquitté sa dette ; mais, au contraire, un des fidéjusseurs a payé sur les attaques du créancier. Trois conséquences dérivent de ce fait :

Tous ceux qui étaient tenus de la dette, à quelque titre que ce fût, sont libérés envers le créancier.

Le fidéjusseur a un recours à exercer contre le débiteur principal.

Ce recours a lieu par l'action *mandati contraria* ou *negotiorum gestorum*, c'est-à-dire par le moyen d'une action personnelle.

Il n'a aucun recours à exercer contre les autres fidéjusseurs, dont il n'a pas fait l'affaire en désintéressant le créancier, puisque la dette éteinte ne les regardait pas personnellement.

Il y a dans ces conséquences deux injustices que les Romains ont voulu empêcher : 1° Ne profitant pas pour son recours contre le débiteur des accessoires utiles de la créance payée, tels qu'hypothèque et privilége, le cofidéjusseur était exposé aux dangers de l'insolvabilité du débiteur principal ; 2° N'était-il pas souverainement déplorable de ne pas assurer au cofidéjusseur, qui avait payé le créancier, un recours contre les autres cofidéjusseurs ? En effet, ceux-ci ne tenaient qu'à un caprice du créancier de ne pas avoir été obligés à faire des avances ruineuses.

Le *beneficium cedendarum actionum* fut inventé. Le fidéjusseur, attaqué par le créancier, pouvait en désintéressant celui-ci, l'obliger à lui céder ses actions, tant contre le débiteur principal que contre les autres fidéjusseurs. Voilà comment le jurisconsulte explique ce résultat : *Cum is qui reum et fidejussores habens ab uno ex fidejussoribus accepta pecuniâ præstat actiones : poterit quidem dici nullas jam esse cum suum perceperit et perceptione omnes liberati sunt, sed non ita est. Non enim in solutum accepit, sed quodammodo nomen debitoris vendidit et ideo habet actiones, quia tenetur ad idipsum ut præstet actiones.*

De ce texte on peut conclure que la *successio* repose sur *la fiction légale du non-paiement* de la créance achetée en quelque sorte par le fidéjusseur. Mais ce n'est là qu'une fiction, faite pour expliquer les effets de droit. On ne comprend pas, en effet, que celui qui est débiteur vis-à-vis du créancier, puisse faire autrement que d'éteindre la dette et ses accessoires, en désintéressant celui-ci. Aussi le jurisconsulte dit-il du créancier : *quodammodo vendidit.*

En comparant le *beneficium cedendarum actionum* avec la subrogation accordée dans les mêmes circonstances par l'article 1251, § 3, du Code Napoléon, au profit de celui qui étant tenu avec d'autres ou pour d'autres au paiement de la dette, avait intérêt de l'acquitter, on aperçoit entre eux une ressemblance et un point de démarcation.

De même que le co-fidéjusseur romain qui a usé du *beneficium cedendarum actionum*, le subrogé français entre dans tous les droits du créancier désintéressé qui est censé, au regard du débiteur et des autres engagés, lui avoir vendu sa créance, *quodammodo nomen vendidit*. Les expressions du 1° de 1250 ne laissent pas de doutes; il y est parlé, en effet de la subrogation dans les *droits, actions*, priviléges et hypothèques du créancier.

Mais la différence essentielle entre la *successio* romaine et la subrogation moderne est que la première devait être requise par le débiteur à l'époque du paiement, et que la seconde s'effectue au profit. du payant par la seule force de la loi, sans aucune réquisition.

§ II. — Du *Jus offerendi*.

L'avantage d'être premier créancier hypothécaire, avantage qui tient à la nature même de l'hypothèque, est d'avoir un droit de préférence éminent. C'est dans notre législation la seule utilité du premier rang. Mais chez les Romains il y en avait une autre fort remarquable, c'était le droit exclusif de faire vendre la chose hypothéquée, *jus distrahendi*. Peut-être restés fidèles jusqu'à un certain point aux origines de l'hypothèque, les jurisconsultes romains n'avaient-ils jamais admis complétement que la même chose pût être affectée réellement à deux créanciers. Plusieurs passages du Digeste semblent indiquer que la seconde hypothèque était en suspens tant que durait la première, *tunc enim priore dimisso, sequentis confirmatur pignus*, dit Africain. Marcien s'exprime ainsi, loi 12, § 8 : *A Titio mutuatus, pactus est cum illo, ut ei prædium suum pignori hypothecæve esset ; deinde mutuatus est pecuniam a Mævio et pactus est cum eo*, ut si Titio desierit, prædium teneri, ei teneatur.

Quoi qu'il en soit du motif pour lequel le premier créancier hypothécaire avait seul le *jus distrahendi*, il est facile de comprendre que les créanciers postérieurs durent chercher un moyen de remédier à un état de choses qui faisait dépendre l'efficacité de leur droit du caprice de ce premier créancier. Ce remède fut le *jus offerendi*. Voici en quoi il consiste : Le créancier postérieur payait au créancier premier en rang tout ce qui lui était dû en capital et intérêts ; puis, comme ce paiement l'avait rendu créancier de la même somme du débiteur, la loi lui donnait la place du créancier *désintéressé* pour assurer son recours. Celui qui avait usé du *jus offerendi* était donc deux fois créancier hypothécaire, au rang de son ancienne créance et au premier rang pour sa nouvelle créance ; ce qui lui faisait acquérir le *jus distrahendi*.

Le second créancier, qui avait usé du *jus offerendi*, acquérait-il la créance ou seulement l'hypothèque du créancier désintéressé? On pressent l'intérêt de cette question. Si l'hypothèque seule est acquise, le nouveau créancier a bien l'action quasi servienne, mais il ne jouit pas de l'action personnelle appartenant à l'ancien créancier. Or cette seconde action pourrait lui être très-utile. La question ne paraît pas avoir été sérieusement discutée par les jurisconsultes. D'une part, les textes de notre titre semblent tous parler du rang, *Verum in ca quantitate quam solvisset ejusque usuris*, potiorem *fore constaret*. Partout les jurisconsultes disent que celui qui a payé, *succedit in locum creditoris*. La loi 11, § 4, parle positivement de l'action hypothécaire ; *videndum est an competat ei* hypothecaria actio. Remarquons de plus que l'expression *succedere in locum* ne pourrait se prendre comme synonyme de celle-ci : *succéder aux droits ;* car les jurisconsultes s'en servent pour désigner que le créancier, malgré la novation, conserve le même rang hypothécaire, *superioris temporis ordinem manere primo creditori placuit, tanquam in suum locum succedenti*. A coup sûr, on ne soutiendra pas que le créancier ait pour la nouvelle créance les mêmes actions que pour l'ancienne. Il faut donc voir dans celui qui a usé du *jus offerendi,* la réclamation d'un homme qui agit de son chef sans entrer dans les droits de personne. La faculté de se servir de l'hypothèque serait seulement une faveur de la loi. *D'autre part*, les maîtres de la science ont adopté l'opinion contraire. La loi 4 au Code *de his qui in priorum creditorum locum succedunt*, leur donne raison : *Si prior respublica contraxit, fundusque ei obligatus, tibi secundo creditori offerenti pecuniam potestas est ut succedas etiam* IN JUS REI-PUBLICÆ.

S'il m'est permis de choisir entre ces deux systèmes ; je dirai que les jurisconsultes romains ne me paraissent pas s'être prononcés d'une manière bien catégorique; *succedere in locum* peut signifier l'investissement de tous les droits comme l'investissement de l'hypothèque seule ; *succedere in jus* peut au besoin se prendre à double entente.

La *successio in locum* ou *in jus* résultant du *juso fferendi*, avait lieu de plein droit. Le créancier qui avait désintéressé le premier créancier n'avait besoin de faire aucune réquisition à cet égard, à la différence de ce qui se passait dans le *beneficium cedendarum actionum* au profit du fidéjusseur. En effet, le paiement fait par le créancier postérieur ne peut guère s'expliquer que par l'envie d'acquérir la *successio* du créancier antérieur : une réquisition expresse n'ajoute rien.

Si le premier créancier refusait de recevoir, celui qui offrait devait consigner la somme pour prendre la place recherchée.

Le *jus offerendi* appartient seulement aux créanciers postérieurs et hypothécaires sur le même immeuble à l'égard seulement du créancier du premier rang. Ainsi aucun texte ne l'accorde, ni aux créanciers postérieurs à l'égard de créanciers antérieurs n'ayant pas le premier rang de l'hypothèque, ni aux créanciers chirographaires à l'égard des créanciers hypothécaires ou privilégiés. Mais entre les créanciers hypothécaires il pouvait s'élever un conflit. Que l'on suppose plusieurs créanciers postérieurs, leur droit se trouve paralysé par la présence du premier créancier ; chacun veut acquérir sa place pour se rendre maître de la position, car sans le *jus distrahendi*, le droit d'hypothèque est presque illusoire. Mais, si plusieurs créanciers offrent en même temps, ou si, après que l'un a acquis le premier rang par l'exercice du *jus offerendi*, un autre veut user à son égard du même droit, comment régler ce concours? Faut-il laisser le premier rang errer d'un créancier à celui-là selon leur caprice et leur intérêt?

La loi 20 de notre titre peut ici faire trouver une solution. Voici l'hypothèse de Tryphoninus : un premier créancier ayant hypothèque sur tel immeuble pour 30, Séjus arrive, prête 50 au débiteur, qui lui donne hypothèque au second rang sur le même immeuble. Plus tard, le créancier primitif prête 40, avec hypothèque encore sur le même immeuble. Le jurisconsulte se demande si, après que le premier créancier aura été payé de sa première créance s'élevant à 30 sur les fonds provenant de la vente de la chose, le surplus appartiendra d'abord à Séjus pour 50 ou au premier créancier pour sa créance postérieure de 40 ? Et le jurisconsulte décide que la plus-value (*hyperocha*) doit être affectée par préférence à Séjus : et la raison qui détermine Tryphoninus est assez remarquable : *Finge Sejum paratum esse offerre tibi summam primo ordine creditam? Dixi consequens esse, ut Sejus potior sit in eo, quod amplius est in pignore : et oblata ab eo summa primo ordine credita, usurarumque ejus, postponatur primus creditor in summam quam postea eidem debitori credidit.*

Ce texte prouve jusqu'à l'évidence que Sejus, qui se trouve placé entre deux hypothèques appartenant au même créancier, peut user du *jus offerendi* à l'égard de la créance garantie par la première hypothèque, sans s'inquiéter de la créance garantie par la troisième hypothèque bien qu'appartenant au même créancier. (Voyez aussi la loi 3, § 1, la loi 12, § 5 de notre titre.) Cette solution est fortement contestée de nos jours : sous l'empire du Code Napoléon, des jurisconsultes refusent à un créancier intermédiaire l'exercice du *jus offerendi* à l'égard d'une créance antérieure appartenant au même titulaire qu'une créance postérieure. On voit que les Romains admettaient sans hésiter un pareil résultat. Or, si le créancier intermédiaire avait le droit de rembourser la créance antérieure, au préjudice du créancier postérieur, qui perdait ainsi le bénéfice du premier rang, peu importait sans nul doute que cette créance antérieure eût appartenu, dès le principe, au même titulaire que la créance postérieure ou qu'elle lui eût été acquise par l'effet du *jus offerendi* (1). Quelle différence pouvait-il y avoir entre les deux hypothèses? Ne peut-on pas toujours dire du créancier intermédiaire : *Finge Sejum paratum esse offerre tibi summam primo ordine (creditam)*.

Mais alors une fois que Séjus créancier du second rang avait ainsi acquis le premier au préjudice du créancier postérieur, celui-ci n'avait-il aucun moyen d'acquérir *le droit de vendre* par l'exercice du *jus offerendi* '

La loi romaine est muette à cet égard, mais son esprit autorise une réponse affirmative. Le créancier du troisième rang devait alors très-probablement désintéresser Séjus et de la somme par lui payée au premier créancier et de sa créance personnelle; de là les conséquences suivantes:

Tout créancier postérieur à quelque rang qu'il soit peut exercer le *jus offerendi;* mais s'il y a conflit dans l'exercice de ce droit entre plusieurs créanciers hypothécaires, la préférence se règle suivant l'ordre des rangs.

Le créancier postérieur qui veut être sûr de conserver le premier rang acquis par l'exercice du *jus offerendi*, doit rembourser les créanciers intermédiaires.

---

(1) Cette prévision n'est-elle pas celle du § 1er de la loi 3? Papinien suppose trois créanciers : un créancier privilégié, un premier créancier hypothécaire, un second créancier hypothécaire. Celui-ci, qui a usé du *jus offerendi* à l'égard du créancier privilégié, est alors préférable au premier créancier hypothécaire pour toute la somme payée au privilégié, et Papinien ajoute : *Nisi forte prior et (secundo creditori) pecuniam offerat.*

Nous pouvons maintenant comparer le *jus offerendi* avec la subrogation légale établie par l'article 1251, § 1er du Code Napoléon.

L'un comme l'autre existent par la seule force de la loi, en dehors de la nécessité d'une réserve expresse *de Successio*.

Le *jus offerendi* existe au profit seulement des créanciers hypothécaires sur le même immeuble et nullement au profit des créanciers chirographaires.

La subrogation de l'article 1251, § 1er, peut être invoquée même par les chirographaires, en un mot par tous les créanciers à l'égard de ceux qui leur sont préférables, pour quelque cause que ce soit.

Le *jus offerendi* ne pouvait être exercé en principe qu'à l'égard du créancier ayant premier ordre.

L'article 1251, §er, peut être opposé à tous les créanciers préférables, qu'ils soient au premier rang ou au second rang, que la cause d'antériorité prenne sa source dans l'hypothèque, dans l'hypothèque privilégiée ou ce que les Romains appelaient privilége personnel.

Enfin le *jus offerendi* avait pour but de faire acquérir le droit de vendre. *jus distrahendi;* l'article 1251 § 1er, a surtout pour effet de permettre à un créancier sage d'écarter un créancier brouillon. On peut regretter à cet effet que l'influence de la doctrine romaine ait empéché les rédacteurs du Code Napoléon d'accorder le *jus offerendi*, même à l'égard des créanciers postérieurs; ceux-ci pouvant, par leur avidité intempestive, tromper aussi bien que les autres, l'espérance des créanciers antérieurs (1).

§ 3°. — *Du jus offerendi au profit du tiers détenteur.*

Personne ne peut avoir hypothèque sur sa propre chose; par conséquent, lorsque le propriétaire d'une chose hypothéquée désintéresse un des créanciers hypothécaires, l'hypothèque est éteinte et les créanciers postérieurs montent d'un rang. Mais cette conséquence, tirée de la pure logique, aurait été excessivement désastreuse pour le tiers possesseur, qui après avoir payé les créanciers hypothécaires de son auteur, aurait pu, par les poursuites d'un créancier postérieur être privé

---

(1) On peut cependant justifier le législateur français. Si le *jus offerendi* avait été accordé au créancier antérieur à l'égard du créancier postérieur, on serait tombé dans un conflit ridicule. Chaque créancier aurait pu offrir à l'autre de le rembourser. La subrogation eût été en fait impraticable.

de sa chose et perdre son argent. Aussi le tiers détenteur peut-il ne payer au créancier qu'à la condition de succéder à la place de ce créancier. Il empêche ainsi les créanciers postérieurs de l'attaquer d'une manière efficace.

Ce *jus offerendi* appartient, à Rome, à quiconque possède la chose, à quelque titre que ce soit ; *neque enim quæri de jure possessoris, cum jus petitoris (creditoris) removeatur soluto pignore.*

La *successio* au profit du tiers acquéreur n'avait lieu de plein droit que s'il était lui-même créancier hypothécaire sur l'immeuble, comme dans l'hypothèse de la loi 18 de notre titre, où l'on suppose qu'un créancier d'un rang inférieur a acheté l'immeuble de son débiteur.

Mais si le tiers détenteur n'était nullement créancier hypothécaire, il devait en payant requérir la *cession des droits.* (Loi 12, § 1.)

On s'est demandé si, en payant avec *successio*, ce détenteur acquérait la créance du désintéressé ou seulement le droit de repousser par voie d'exception la poursuite des autres créanciers hypothécaires ? La question est importante; S'agit il seulement d'une exception, le détenteur n'aura pas le droit de poursuivre son paiement contre le débiteur principal sur d'autres immeubles hypothéqués à la même dette. La plupart des textes supposent toujours qu'il ne s'agit que d'une exception, mais très-probablement il faut les regarder comme statuant *de eo quod plerumque fit.* Le jurisconsulte Scœvola se demande dans la loi 19 si le créancier peut être forcé par le possesseur de lui *céder sa créance? Quæro an si, ei justus possessor offerat, compellendus sit jus nominis cedere?* Ces derniers mots ne peuvent laisser aucun doute.

Il est facile de remarquer que les jurisconsultes romains n'exigent pas pour la validité de cette *successio*, qu'elle soit requise par un acheteur qui paierait avec le prix de son acquisition. C'est cependant la doctrine du § 2 de l'art. 1251 du code Napoléon :

« La subrogation a lieu de plein droit au profit de l'acquéreur d'un
» immeuble qui emploie le prix de son acquisition au paiement des
» créanciers auxquels cet héritage était hypothéqué.»

Mais cette modification n'a pas l'importance qu'elle paraît avoir ; non-seulement l'acheteur, mais tout tiers détenteur qui paie des créanciers hypothécaires, soit avec son argent, soit avec l'argent qu'il doit, est subrogé, non pas en vertu du 2°, mais bien du 3° de l'art. 1251. Le détenteur est, en effet, *propter rem, tenu* avec d'autres et pour d'autres et a intérêt d'acquitter la dette.

§ 4. — *De la* successio *au profit de celui qui a prêté au débiteur à l'effet de désintéresser un créancier.*

De tous les modes de *successio* que le jeu des affaires ait fait trouver, celui-ci est sans doute le plus ingénieux. La loi permet au débiteur de disposer de ce qui ne lui appartient pas. En effet, quand le débiteur désintéresse un créancier, personne ne peut dire de ce débiteur qu'il acquiert. Si le créancier avait des priviléges, des hypothèques, ces priviléges et hypothèques sont éteints, chaque créancier postérieur monte d'un rang. Comment se fait-il donc qu'un tiers puisse, par la volonté du débiteur, prendre la place de ce créancier désintéressé ? C'est que les fonds touchés par le créancier appartenaient à ce tiers, voilà l'élément dominant. Les créanciers postérieurs ne peuvent se plaindre; le débiteur n'a fait que changer de créancier ; le gage commun n'a pas été diminué.

Cette facilité pour le débiteur de changer un mauvais créancier en un créancier supportable, a son mauvais côté, comme toutes les bonnes institutions en ce monde ; elle ouvre une large porte à la fraude. Qui empêche le débiteur de simuler un emprunt, de fournir les fonds lui-même et d'obtenir ainsi une créance qu'il exercera sous le nom d'un homme de paille? Pour y remédier autant que possible, le droit romain exigeait que le prêt eût été fait à la condition de payer le créancier et d'être subrogé à sa place. *Tertius deinde aliquis dat mutuam pecuniam tibi ut Titio (priori creditori) solveres et paciscatur tecum, ut idem prædium ei pignori hypothecæve sit et locum ejus subeat.* Les juriconsultes romains n'avaient pris aucune précaution pour garantir que le paiement avait été réellement fait des deniers prêtés. Il en est autrement du législateur français. (Art. 1250, § 2.)

La question de savoir si le nouveau créancier prend seulement *le rang* hypothécaire de l'ancien ou son rang et ses autres droits, est jugée, dans le premier sens, par bon nombre d'interprètes. Cependant, s'il en est ainsi, la loi 2 au code *de his qui* ne contiendrait-elle pas un pléonasme? Voici les expressions : *Privilegio ejus successisti, et ejus locum, cui pecuniam numerasti consecutus es.* Voilà, en effet, deux droits distincts établis au profit du bailleur de fonds : succéder au privilége et prendre la place, entrer dans les droits du désintéressé.

Il est constant toutefois que le débiteur ne pouvait ainsi transporter le rang hypothécaire à son bailleur de fonds, que sur les immeubles qu'il avait en sa possession. (Loi 2 *De pign.*, act. dig.) On avait conclu de là, dans l'ancien droit, que la subrogation par le débiteur ne pouvait avoir effet contre les cautions; c'était l'opinion de Renusson. En effet, devait-il dire, permis au débiteur de remplacer un créancier par un autre; mais comme l'élément essentiel est ici le paiement, il doit profiter à tous ceux que la dette ne regarde pas personnellement, comme le tiers-détenteur, la caution. Renusson ajoutait encore qu'il ne pouvait dépendre du débiteur d'imposer à son gré à la caution un créancier envers lequel elle ne s'est pas obligée.

Mais l'art. 1252 a assimilé en ce point la subrogation par le débiteur à la subrogation obtenue par différents modes. La loi française distingue bien plusieurs cas de subrogations, mais non plusieurs subrogations à effets différents.

En conséquence, la subrogation opérée par le débiteur conserve l'hypothèque au profit du nouveau créancier, tant sur les immeubles qui se trouvent entre les mains du débiteur que sur les immeubles possédés par des tiers détenteurs. Cette subrogation a aussi effet contre les cautions. (Art. 1252 du code Napoléon.)

DROIT FRANÇAIS.

DE LA SUBROGATION A L'HYPOTHÈQUE LÉGALE DE LA FEMME MARIÉ.

Art. 9 de la loi du 23 mars 1855.

Dans les cas où les femmes peuvent céder leur hypothèque légale ou y renoncer, cette cession ou cette renonciation doit être faite par acte authentique, et les cessionnaires n'en sont saisis à l'égard des tiers que par l'inscription de cette hypothèque prise à leur profit, ou par la mention de la subrogation prise en marge de l'inscription préexistante.

Les dates des inscriptions ou mentions déterminent l'ordre dans lequel ceux qui ont obtenu des cessions ou renonciations exercent les droits hypothécaires de la femme.

GÉNÉRALITÉS.

1. — S'il y a des conventions dont la légalité ait été longtemps contestée, dont les effets paraissent enveloppés de ténèbres, ce sont celles qui portent dans la pratique les noms de cession d'hypothèque, cession d'antériorité, subrogation, renonciation *in fa...rem* à l'hypothèque ; les difficultés augmentent si ces conventions, comme il arrive le plus souvent, sont faites à l'occasion de l'hypothèque légale de la femme mariée. Aussi la doctrine et la jurisprudence ont-elles hésité et hésitent-elles encore aujourd'hui sur l'option définitive de la route à suivre. *Materia difficillima et inextricata*, disait un ancien auteur, de la subrogation personnelle ; ce mot ne s'appliquerait-il pas avec plus de raison aux subrogations et renonciations à l'hypothèque ?

2. — Et cependant la légalité de ces conventions a été proclamée, plus de doute à cet égard. Mais le législateur s'est montré tellement sobre de dispositions, qu'après comme avant la loi de 1855, le champ est vaste à la controverse.

3. — Cette loi, au surplus, n'a parlé que de l'hypothèque légale de la femme mariée; mais en agissant ainsi, le législateur a statué *de eo quod plerumque fit*. Les conventions sur l'hypothèque légale ne sont, à vrai dire, qu'une variété des cessions ou renonciations de toute hypothèque en général. Ici le genre, là l'espèce. De la légalité de l'espèce on peut, par induction, reconnaître celle du genre. Tout créancier hypothécaire peut donc céder son hypothèque ou y renoncer. Il faudrait même appliquer à la cession de toute hypothèque les conditions d'authenticité ou de publicité qu'exige l'article 9 en ce qui concerne l'hypothèque légale de la femme mariée; il y a ici un puissant argument d'analogie. Les fraudes, pour être moins fréquentes, n'en sont pas moins à déplorer, et le but de la loi de 1855 est de les prévenir.

4. — On restera convaincu de la généralité des prévisions de l'article 9, si l'on remarque qu'il n'exige pas pour l'application de ses dispositions que la femme soit actuellement mariée; il suffit qu'elle ait en cette qualité une hypothèque légale. Une femme veuve doit donc, pour céder son hypothèque, obéir à l'article 9; or quelle différence est-il possible de découvrir entre la femme veuve et un créancier hypothécaire quelconque ? Autrement le législateur tomberait dans le ridicule ou au moins dans la bizarrerie; ainsi la cession d'hypothèque faite par la femme veuve devrait, à peine de nullité, être authentique et publiée; celle faite le lendemain par les héritiers de la femme pourrait être dans la forme sous-seing privé, et occulte. Ajoutons que le projet du gouvernement présenté en 1849 ne distinguait pas entre la femme et tout autre créancier hypothécaire.

5. — Les explications qui vont suivre doivent se restreindre à la femme mariée et à son hypothèque légale; il sera facile, dans le cours de cette discussion, de démêler les conditions générales propres aux conventions faites sur toutes hypothèques, des conditions particulières aux conventions formées à l'occasion de l'hypothèque légale de la femme mariée.

L'article 9 ci-dessus rapporté prévoit deux manières pour une femme d'altérer son hypothèque légale : la cession et la renonciation. Il en existe deux autres qui rentrent dans l'esprit sinon dans la lettre de cet article, ce sont : la cession d'antériorité et la cession de la créance.

CHAPITRE PREMIER.

DE LA CESSION DE L'HYPOTHÈQUE OU DE LA SUBROGATION A L'HYPOTHÈQUE LÉGALE DE LA FEMME MARIÉE.

6. — Il est certaines théories de droit que l'esprit se refuse tout d'abord à saisir, mais qui, par l'étude et la réflexion, deviennent enfin familières. Il en est d'autres, au contraire, que l'esprit admet ou n'admet pas, selon que le sujet a reçu au nom du ciel quelque influence secrète. A l'égard de ces dernières, le jurisconsulte naît avec une opinion arrêtée, dont rien ne le fera se départir, ni une étude attentive, ni les arguments du système adverse.

7. — Sous l'empire du code Napoléon, les uns admettaient la légalité, les autres refusaient de croire même à la possibilité de la cession de l'hypothèque faite en dehors de la créance. Les premiers disaient : *rien n'est plus naturel ;* les seconds : *on ne comprend pas ;* et je ne sache pas que les jurisconsultes d'une opinion aient jamais converti les jurisconsultes de l'opinion dissidente.

8. — Voici quels étaient les raisonnements de ces nouveaux proculéiens et sabiniens :

Celui qui vend une créance fait passer sur la tête de l'acheteur et le droit personnel contre le débiteur et les accessoires utiles, tels que privilége, hypothèque, cautionnement, contrainte par corps. Mais une convention par laquelle une personne gardant le droit personnel, la partie vitale de la créance, veut transporter à autrui un de ses accessoires, l'hypothèque, ne blesse-t-elle pas toutes les idées reçues ? Personne n'a jamais parlé de la cession principale d'une contrainte par corps, d'un cautionnement, d'une solidarité ; pourquoi parler davantage de la cession de l'hypothèque sans la créance ? N'est-ce pas l'histoire des membres qui veulent se séparer de l'estomac ? On comprend bien, au point de vue passif, la présence de deux débiteurs d'une créance hypothécaire : l'immeuble hypothéqué représenté par son possesseur et le débiteur soumis à l'action personnelle ; mais comment admettre le même résultat au point de vue actif, à savoir que l'hypothèque cédée, il y aura maintenant deux créanciers, l'un hypothécaire, l'autre devenue simple chirographaire !

9. — Ces considérations semblent avoir frappé des esprits sérieux.

Lors de l'enquête hypothécaire faite en 1840, la faculté de Strasbourg fut d'avis de l'impossibilité de la cession d'hypothèque.

« La relation qui existe entre une hypothèque et la créance, pour
» sûreté de laquelle elle est établie, est tellement intime, que l'hypo-
» thèque ne peut être considérée comme ayant une existence propre,
» qui permette de la détacher de cette créance pour la joindre à une
» autre. » (Documents hyp. publiés par M. Martin (du Nord), tome II,
page 471.)

Admise plus tard dans le projet du gouvernement, lors de la réforme hypothécaire tentée sous la république, cette cession de l'hypothèque est vivement critiquée par M. Bethmont, au nom du conseil d'Etat, et par M. de Vatimesnil, comme organe de la commission de l'assemblée législative. Le premier dit : *une semblable cession ne se conçoit pas* ; le second : *elle est contraire aux principes et sujette à de graves inconvénients*.

9. — Les jurisconsultes pour lesquels la cession de l'hypothèque est chose naturelle, se servent de l'argument : *qui peut le plus, peut le moins*. On peut céder la créance et l'hypothèque, voilà leur prémisse ; donc on peut céder l'hypothèque sans la créance, voilà leur conclusion.

M. Troplong veut répondre aux partisans de l'incessibilité.

« J'entends bien qu'un droit accessoire, un droit de garantie, ne
» saurait exister sans un objet principal et avoir une destinée indé-
» pendante ; mais pourquoi serait-il illogique de le faire passer d'une
» obligation principale à une autre obligation principale ? Est-il dans
» sa nature d'être incessible ? Le point essentiel n'est-il pas qu'il y
» ait une obligation principale dont l'hypothèque assure le paiement ?
» L'hypothèque est un droit réel qui ne s'identifie pas avec le droit
» personnel auquel elle se rattache ; le créancier peut y renoncer
» sans altérer sa créance elle-même ; pourquoi ne pourrait-il pas y
» renoncer au profit d'autrui ? Je n'aperçois pas l'impossibilité juri-
» dique de cette transmission, et avant 1850, peu de personnes, ver-
» sées dans l'étude du droit, l'avaient aperçue. »

10. — Une question subsidiaire était encore élevée. La cession de l'hypothèque une fois reconnue, fallait-il l'admettre comme efficace en ce qui concernait l'hypothèque légale de la femme mariée ? La loi avait donné à la femme mariée une sûreté exceptionnelle pour le recouvrement de ses reprises ; c'était évidemment en faveur de la

personne de la femme. Devait-il lui être permis d'en faire profiter un étranger? Ajoutez que les art. 2144 et 2145 du code Napoléon ne permettent l'altération de l'hypothèque légale de la femme pendant le mariage que sous plusieurs conditions :

La valeur des immeubles du mari doit excéder notoirement l'importance des reprises de la femme,

Quatre des plus proches parents de la femme sont consultés.

Le tribunal, après un débat contradictoire entre le mari et le ministère public, accorde ou refuse le dégrèvement.

Les défenseurs de la fortune des femmes disaient alors : Il n'est pas permis de faire indirectement ce qu'il nous est défendu de faire directement. Et ils en conclurent qu'en dehors des conditions des art. 2144 et 2145, conditions qui, par leur difficulté même, assurent le libre arbitre de la femme, celle-ci ne pouvait aucunement altérer son hypothèque légale.

11. — Mais la jurisprudence et presque toute la doctrine avaient bien vite fait la distinction. La défense et les formalités des art. 2144 et 2145, disaient-elles, doivent être entendues et appliquées quand il s'agit d'une altération de l'hypothèque légale, dont doit profiter directement le mari seul. Mais l'intérêt d'un tiers est-il principalement en jeu ; quand bien même le mari tirerait de l'opération un avantage indirect, arrière les art. 2144 et 2145, et place au grand principe de la liberté des conventions !

Quelques auteurs avaient résisté, mais le plus grand nombre s'était rangé du parti du plus fort, celui de la jurisprudence.

12. — « Au surplus, comme dit encore M. Troplong, c'est assez raisonner et discuter, car le législateur a enfin prononcé dans l'art. 9 de la loi du 23 mars 1855. »

13. — Il ne reste donc plus maintenant au jurisconsulte qu'à rechercher les effets de cette cession ou subrogation. Quelques idées élémentaires ont besoin d'être rappelées.

De droit commun, l'insuffisance du patrimoine du débiteur doit se répartir également entre tous ses créanciers, au prorata de ce qui leur est dû. Il n'y a d'exception que pour les privilèges, cause de préférence qui frappe la généralité d'un patrimoine et les hypothèques qui grèvent seulement les immeubles. Tout le mobilier du débiteur, de quelque source qu'il provienne, est donc, sauf l'exercice des privilèges, susceptible d'être distribué par contribution, au marc le franc de ce qui est dû à chaque créancier. Le produit d'une créance hypothécaire touché par le débiteur, est toujours mobilier, et n'est soumis qu'aux causes de préférence qui frappent le mobilier. On aurait pu s'y tromper. Quelques-uns auraient été tentés de soutenir que tout ce que le débiteur avait touché d'une créance hypothécaire, conservait en quelque sorte un caractère immobilier et devait être distribué par voie d'ordre entre ses créanciers. L'art. 778 du code de procédure civile (775 de la nouvelle loi) a levé, ou plutôt a prévenu cette difficulté : le montant de la collocation du débiteur, obtenue par voie d'ordre, *est distribué comme chose mobilière* entre les créanciers inscrits ou opposants.

14. — La cession de l'hypothèque produit tout bonnement une exception à cet article. La femme est d'abord colloquée. Un sous-ordre est ouvert sur le produit de sa collocation. Le créancier cessionnaire ou subrogé s'y présente et y requiert une sous-collocation, par préférence aux créanciers personnels de la femme. S'il y a plusieurs cessionnaires, ils viendront tous user de leur droit de préférence, selon l'ordre dans lequel ils auront satisfait aux conditions de publicité prescrites par l'art. 9. Le résultat est le même que celui des sous-hypothèques et des sous-ordres de l'ancien droit.

« C'est par la cession de l'hypothèque que les praticiens *ont res-*
• *saisi* ou plutôt remplacé cette faculté consacrée par le droit cou-
» tumier, mais refusée par la loi nouvelle, de donner une hypothèque
» en sous-ordre sur la première hypothèque. »
(M⁰ Pont, *privilèges et hypothèques*, page 325.)

15. — Je définirai donc la cession de l'hypothèque légale : *un acte par lequel la femme constitue au profit d'un créancier un droit de préférence sur le produit de sa collocation, obtenue par l'exercice de son hypothèque légale sur les immeubles de son mari.*

16. — Il est facile maintenant de voir ce qu'il y a de vrai dans ces expressions : *cession d'hypothèque, subrogation à l'hypothèque.* Somme toute, l'hypothèque reste toujours attachée et dépendante de la créance de la femme, et, à ce titre, il n'est pas vrai de dire qu'il y a cession, puisque la cession-transport suppose une mutation de propriété. Aussi, *Jacobus de Arend* disait-il contre la cession de l'hypothèque : *Addo ego optimam rationem pro eo quod cedi non possit, quod semper cedens realem, retentâ personali, posset revocari ipsam quam cessit, et cessionem infringere veluti extinguendo persona-*

lem, quia sublato principali extinguitur accessorium. Mais, de ce que les créanciers favorisés touchent de préférence à la constituante et à ses autres créanciers le produit de la collocation de la femme, la loi les appelle des cessionnaires exerçant les droits de la femme, et les considère en quelque sorte comme des propriétaires prenant ce qui leur appartient. La vérité est qu'ils viennent, sur les produits de la collocation par droit de préférence, comme des créanciers, et non par droit de propriété.

N'est-ce pas avec la même terminologie et en considérant la femme comme propriétaire de ses reprises, que la jurisprudence lui accordait un privilége de premier ordre sur les biens meubles de son mari? Au lieu de poser ainsi la question : la femme est-elle privilégiée pour ses reprises? on disait : la femme est-elle propriétaire de ses reprises? Mais le résultat était identique.

17. — Le mot *subrogation* n'est pas plus exact, car il suppose un nouveau créancier prenant la place de l'ancien créancier qu'il a désintéressé. Celui qui se dit subrogé dans l'hypothèque légale de la femme, n'a certes pas la prétention d'avoir payé cette dernière.

Néanmoins, les mots cessionnaire et subrogé, cession et subrogation, sont si bien entrés dans les habitudes de la pratique, que le législateur s'en est servi, et que, pour plus de clarté, nous nous en servirons également.

18. — De cette vérité, que la cession de l'hypothèque n'est autre chose qu'une exception à l'art. 775 du Code de procédure civile, et que c'est seulement par une confusion de langage qu'on peut dire qu'il y a cession de l'hypothèque légale, découlent plusieurs conséquences remarquables :

La première, est que la femme restée maîtresse du droit personnel, de la créance contre le mari, peut en disposer, l'anéantir, en un mot, et par voie de conséquence, anéantir l'hypothèque qui continue, avant comme après la prétendue cession d'être l'accessoire utile de ce droit personnel. Car l'hypothèque est encore dans les biens de la femme, de même qu'un immeuble grevé appartient encore au débiteur. Ainsi, le mari offre à la femme, et celle-ci accepte un remploi dans les termes de l'art. 1435 ou une dation en paiement, conformément aux paragraphes 1 et 2 de l'article 1595. Le droit de préférence du créancier ne peut plus s'exercer faute d'objet. — Même résultat si la femme devient elle-même débitrice du mari. Il y a extinction du droit personnel par compensation, et extinction de l'hypothèque, en vertu de l'art. 2180, § 1.

19. — Une hypothèse curieuse s'est présentée. Une femme avait consenti des cessions de son hypothèque légale. Le mari et la femme moururent à peu de distance ; les enfants communs firent acceptation pure et simple des deux successions, dont les dettes et créances réciproques se trouvèrent éteintes par voie de confusion ; en vain le créancier subrogé voulut-il prétendre que la confusion ne pouvait nuire à son droit. L'arrêt du 16 mars 1849, rendu par la Cour d'Orléans, lui répondit que l'efficacité de son droit dépendait de l'existence d'un autre droit aujourd'hui disparu par la confusion. C'est le cas de répéter avec M. Pont : « On n'aperçoit pas bien com-
» ment il pourrait se faire que cette créance, qui est le principal,
» venant à s'éteindre entre les mains de la femme, l'hypothèque, qui
» est l'accessoire, survécût aux mains du créancier subrogé. »

20. — Le droit de préférence accordé au créancier subrogé est donc plein d'incertitude. Mais faut-il le regarder comme complétement illusoire ? Faut-il dire qu'il dépendra du caprice ou du mauvais vouloir de la femme d'anéantir la sûreté par elle librement consentie ? Non, tout ce qui, par le jeu naturel et ordinaire des rapports entre époux éteindra la créance de la femme, éteindra aussi l'hypothèque. Mais la fraude sera facilement présumée ; toute extinction de la créance des reprises, faite d'une manière insolite, et dont l'effet sera d'augmenter l'insolvabilité de la femme à l'égard du créancier subrogé, tombera sous le coup de l'action paulienne et devra être annulée. Il est bien évident que la remise faite par la femme au mari ne pourrait aucunement nuire au subrogé.

21. — La seconde conséquence à tirer de ce que l'hypothèque légale n'a pas cessé un seul instant d'être attachée à la créance des reprises, et que c'est cette créance même qui a été colloquée dans l'ordre ouvert par le mari, est celle-ci : La femme, après qu'un sous-ordre a été ouvert sur sa collocation, dont le produit a servi de cette manière à payer des créanciers subrogés, ne peut plus exercer la même hypothèque sur d'autres immeubles du mari. Autrement, elle nuirait d'une façon très-injuste aux autres créanciers du mari. La vertu d'une hypothèque générale n'est pas de permettre à la créance qu'elle garantit d'être colloquée sur chaque immeuble du débiteur, mais de donner au créancier le droit de choisir l'immeuble sur lequel

il veut être colloqué. La circonstance que le produit de la collocation de la femme ne lui a pas profité personnellement, n'empêche pas que l'hypothèque légale des reprises n'ait été réellement exercée. Cette circonstance fera seulement que si ces créanciers subrogés avaient le mari pour débiteur principal, la femme réclamera une indemnité pour le recouvrement de laquelle l'art. 2135, § 2, n° 3, lui accorde une nouvelle hypothèque légale dont le rang se détermine par l'époque de l'obligation ou de la subrogation consentie par la femme au profit de ce créancier.

En un mot, lorsque le subrogé vient réclamer son droit de préférence, *la femme reçoit d'une main ce qui lui est dû par le mari et le donne de l'autre au créancier subrogé.*

22. — La troisième conséquence est encore plus évidente. Si, par l'effet de la cession, l'hypothèque légale de la femme était devenue réellement l'accessoire de la créance du subrogé, il s'ensuivrait que si la créance de ce subrogé était éteinte avant qu'un ordre fût ouvert sur les biens du mari, l'hypothèque légale serait également éteinte par voie de conséquence : la femme ne pouvant plus l'exercer, parce qu'elle l'aurait cédé ; le cessionnaire, parce qu'il n'y aurait plus aucun intérêt. Mais comme il n'y a pas cession de l'hypothèque, mais seulement constitution d'un droit de préférence sur la collocation de la femme, c'est ce droit de préférence qui est éteint lorsque la créance du subrogé est éteinte *ex aliâ causa ;* le montant de la collocation de la femme est dégrevé d'autant, de même qu'un immeuble devient libre par la disparition de l'hypothèque qui le grevait.

23. — Enfin, en supposant une cession partielle, une véritable cession de ses droits hypothécaires, la femme, pour la partie non cédée, viendrait au même rang que le subrogé, à moins de convention contraire ; ce qui n'est pas. Le produit de l'hypothèque légale servant de gage aux créanciers cessionnaires, il est clair que la femme n'a rien à toucher lorsque tous les subrogés ne sont pas désintéressés.

La clause qui se trouve dans presque tous les actes notariés et par laquelle « la femme subroge le créancier par préférence à e'le-même, » ne peut donc se justifier que par l'application de la maxime : *Quod abundat non vitiat.*

24. — Le créancier cessionnaire a un droit de préférence sur le produit de la collocation de la femme, obtenue par l'exercice de l'hypothèque légale. C'est là le seul avantage de la subrogation à l'hypothèque. Ce créancier n'a donc aucune cause de préférence, ni même aucun droit sur la collocation de la femme, obtenue de toute autre manière, par exemple, dans une contribution ouverte sur le produit de la vente des biens meubles du mari. Ainsi, lorsque florissait la jurisprudence qui accordait à la femme un privilége de premier ordre sur le mobilier de son mari, celle-ci pouvait avoir grand intérêt, et intérêt légitime, à négliger l'exercice d'une hypothèque légale dont le rang peut-être était douteux, pour s'en tenir à un privilége souvent plus efficace, surtout si le mobilier était considérable. Le créancier perdait alors l'occasion d'exercer son droit de préférence. Ce danger n'existe plus, du moins en partie, depuis l'arrêt de la Cour de cassation, rendu sur les conclusions de M. le procureur général Dupin, qui a mis fin à cette jurisprudence ; je dis en partie, car aujourd'hui surtout que les fortunes mobilières dépassent souvent les fortunes immobilières, il peut arriver que les immeubles du mari ne suffisant pas pour désintéresser la femme, celle-ci aille chercher le paiement de ses reprises dans une collocation sur le mobilier.

25. — Le droit de préférence du créancier subrogé se manifeste par une production au sous-ordre ouvert sur le montant de la collocation de la femme. On peut donc dire qu'à l'égard du mari et de ses créanciers, la convention *est res inter alias acta*, ne devant ni leur nuire ni leur profiter. Peu leur importe en effet qui garde en dernier ressort le produit de la collocation de la femme.

Il est vrai, toutefois, que si les reprises de la femme, recouvrées par l'exercice de l'hypothèque légale, sont suffisantes pour payer le créancier subrogé, et si ce créancier a le mari pour débiteur principal, une créance en indemnité naît alors au profit de la femme contre le mari, créance garantie par une nouvelle hypothèque légale. Dans ce cas on serait tenté de dire que la subrogation nuit au mari ou à ses autres créanciers ; mais, avec un peu d'attention, il est facile de s'apercevoir que cette nouvelle créance d'indemnité n'est pas tant le résultat de la subrogation en elle-même que de l'obligation contractée en même temps par la femme à l'égard du créancier de son mari. Cela est si vrai, que la femme n'aurait certes aucune réclamation à faire valoir si le créancier, subrogé à son hypothèque légale, était son propre créancier.

26. — De ce que vis-à-vis du mari ou de ses autres créanciers, la convention est par elle-même indifférente, nous en concluerons qu'à

leur égard le cessionnaire des droits hypothécaires a autant, mais pas plus de droits que la femme.

Si les reprises de la femme s'élèvent à 10,000 fr., le subrogé auquel il en est dû 20,000, voudrait en vain faire colloquer sa débitrice pour pareille somme; de même, lorsque les reprises sont négatives, le droit du créancier est tout aussi négatif.

N'ayant pas plus de droits que la femme, les subrogés ne pourront poursuivre le paiement de ses reprises quand elle ne le pourrait pas elle-même. En général, leur droit est paralysé tant que la femme n'est pas dans une position à faire liquider ses reprises. Une femme commune ne le peut qu'après la dissolution de la communauté; une femme dotale et une femme non commune, seulement après la séparation de biens ou la dissolution du mariage; une femme séparée de biens est libre de le faire à tout moment. Le subrogé peut, dans toutes ces hypothèses, agir au nom de la femme.

27. — D'une autre part, il ne faut pas qu'il soit victime de la mauvaise foi ou de la négligence de la femme. Si, après la dissolution de la communauté, celle-ci refuse plus longtemps que de raison de se prononcer sur l'acceptation ou la renonciation, les tribunaux permettront au subrogé de poursuivre la liquidation des reprises de la femme et leur paiement par l'exercice de l'hypothèque légale, en prenant le parti qui semblera le plus avantageux pour la femme. De même encore, en cas de faillite ou de déconfiture du mari, si la femme, par fraude ou par dévouement, refuse de demander la séparation de biens, les créanciers cessionnaires peuvent exercer les droits hypothécaires de leur débitrice jusqu'à concurrence de ce qui leur est dû. Mais dans tout cela le créancier, cessionnaire de l'hypothèque n'a, vis-à-vis le mari, d'autres droits que ceux qui appartiennent aux créanciers simples de la femme, en vertu des art. 1166 et 1167. Il aura même beaucoup moins que ces créanciers; car tandis que ceux-ci peuvent exercer tous les droits de la femme, à l'exception des droits exclusivement attachés à sa personne, les créanciers cessionnaires de l'hypothèque légale ne peuvent exercer que ses droits hypothécaires.

28. — On s'est demandé si une femme qui contractait une obligation pour son mari pouvait céder au créancier l'hypothèque légale que la loi lui accorde pour garantie de l'indemnité à réclamer au mari. En cas d'affirmative sans distinction, le résultat est au moins fâcheux, et il faudrait en accuser vivement le législateur. C'est qu'il va suffire

au mari de faire intervenir sa femme pour constituer sur ses immeubles, à ses propres créanciers, des hypothèques légales à discrétion. Les avantages de l'hypothèque légale, dispense d'inscription, généralité, etc. seraient, en fait, transportés au simple engagement du mari. Le bon sens avertit qu'un résultat aussi irrationnel doit être illégal.

29. — La loi accorde à la femme une hypothèque légale pour le recouvrement de l'indemnité des obligations contractées dans l'intérêt du mari. L'indemnité suppose nécessairement la réparation d'un dommage ; or, tant que la femme n'a pas de ses deniers désintéressé le créancier, il y a bien pour elle un danger, celui d'être exposée à des poursuites ; mais il n'y a pas dommage réel, partant pas d'indemnité à réclamer, partant pas d'hypothèque légale à faire valoir ni à céder. Il est vrai que ce danger des poursuites a suffi au législateur pour faire remonter le rang de l'hypothèque légale de l'indemnité au jour même de l'engagement de la femme ; mais le fait générateur de l'hypothèque légale et de l'indemnité n'est pas moins l'avance de fonds faite par la femme.

30. — Il est encore vrai que la femme est caution de son mari et que l'art. 2032 donne à la caution, dans certains cas déterminés, le droit d'agir contre le débiteur principal, même avant d'avoir payé le créancier. Mais s'ensuit-il que la femme, caution, doive toujours garder son indemnité ? Non, elle ne lui est remise qu'à titre conditionnel. Le créancier touche-t-il son dû sur le patrimoine de sa femme, la condition est réalisée, l'indemnité est définitivement acquise à cette dernière ; le créancier est-il désintéressé par le débiteur principal, la condition est défaillie, la femme doit rendre l'indemnité. Allons plus loin : la femme est insolvable, et de plus, sans aucune espérance de fortune à venir. Dira-t-on qu'elle peut encore, en vertu de l'article 2032, réclamer une indemnité à titre de précaution, dans le cas où le créancier trouverait à se faire payer sur son patrimoine ? Non, car cette dernière éventualité est impossible.

31. — Mais si la femme solvable est dans une des prévisions de l'art. 2032, qui l'empêche de céder l'indemnité éventuelle qui lui compète ; qui l'empêche de la céder au créancier du mari ? Ce créancier la possédera comme la femme, sous la condition suspensive de l'avance de fonds à faire par la femme. Mais, dira-t-on, nous tombons dans un cercle vicieux : le créancier ne gardera l'indemnité que s'il se fait payer sur les biens de la femme, et alors il devra rendre l'indem-

nité, puisque autrement il serait payé deux fois, une fois sur les biens de la femme, une fois sur ceux du mari. A quoi donc lui est utile cette cession de l'indemnité ? C'est vrai ; mais si la femme se trouve en danger imminent d'être poursuivie ; si, du reste, elle est solvable, la cession de l'indemnité empêchera un circuit d'action. Le créancier pourra prendre définitivement l'indemnité à titre de dation en paiement, *mais seulement jusqu'à concurrence de ce qu'il aurait pu raisonnablement se faire payer sur le patrimoine de la femme.*

Qui pourrait s'en plaindre ? Les créanciers du mari ; mais du moment que le mari, leur débiteur, doit payer une indemnité, peu leur importe à qui cette indemnité sera en fait attribuée ; les créanciers de la femme ? Mais on ne touche pas au patrimoine de leur débitrice.

En résumé, la femme a droit à une indemnité égale à ce qu'elle est réellement en danger de payer au créancier du mari, et elle peut céder cette indemnité à ce créancier.

32. — Lorsque le créancier du mari auquel la femme s'est engagée ne s'est pas fait céder l'hypothèque légale de l'indemnité, selon qu'il vient d'être dit, il se trouve dans une position bizarre. Intéressé comme créancier de la femme à l'augmentation de son patrimoine, et par conséquent à l'exercice du recours éventuel en indemnité ; intéressé comme créancier du mari à empêcher la femme de diminuer le patrimoine du débiteur principal, il doit choisir entre ces deux positions. Libre il est, sans aucun doute, de défendre à la femme de poursuivre le paiement de l'indemnité éventuel, si ce paiement l'empêchait d'être payé sur les biens du mari. Mais alors, ne peut-on pas dire qu'il perd lui-même toute action contre la femme, dans le cas où les biens du mari ne suffiraient pas à le désintéresser ? La femme lui dirait avec raison : je ne suis engagée envers vous qu'à la condition de me faire indemniser par mon mari, au moyen de mon hypothèque légale ; si par votre fait je ne puis toucher cette indemnité, je suis libérée envers vous. N'est-ce pas avec le même raisonnement que la caution peut prétendre à sa libération, lorsque la subrogation aux droits, hypothèques et priviléges du créancier, ne peut plus, par le fait de celui-ci, s'opérer en faveur de la caution ?

33. — Une autre question a eu l'honneur d'occuper les tribunaux : Une femme qui cède son hypothèque engage-t-elle toutes les causes

d'hypothèque qui existeront au jour de la liquidation, ou seulement celles qui existent au jour de l'obligation? Exemple : Une femme a, le 1er janvier 1853, plusieurs réclamations montant à 60,000 fr. à former contre son mari ; elle consent le même jour subrogation au profit de *Primus* créancier de 100,000 fr. ; à l'époque de la liquidation, les reprises de la femme s'élèvent à pareille somme de 100,000 fr., composée des 60,000 fr. existant au 1er janvier 1853, et de 40,000 fr. provenant de la vente d'un propre. *Primus* a-t-il le droit de prendre les cent mille francs ou seulement les soixante? L'intention des parties est la première règle à laquelle il faut s'attacher pour résoudre cette question ; mais, en général, on peut présumer que la femme a entendu engager toutes ses reprises. En effet, jusqu'au jour de la liquidation, la femme ne peut pas se dire, à proprement parler, créancière du mari ; il y a seulement entre eux des comptes à débattre, dont le résultat sera connu lors de la liquidation. Le créancier a entendu acquérir un droit de préférence sur la valeur définitive de l'hypothèque légale.

34. — Cette première question résolue en faveur du créancier, il s'en présente une autre non moins importante. La femme qui consent, à différentes époques, plusieurs cessions de son hypothèque légale, est dans la position d'un débiteur qui hypothèque ses biens présents et à venir successivement, au profit de plusieurs créanciers. Lorsqu'après ces constitutions d'hypothèque, de nouveaux immeubles tombent dans le patrimoine du débiteur, ces biens sont-ils grevés au profit des créanciers à hypothèque générale par voie de concurrence ou dans l'ordre des différentes constitutions? La même difficulté surgit dans la matière qui nous occupe. Exemple : Au jour de la dissolution du mariage, les reprises de la femme s'élèvent à 100,000 fr., savoir : 60,000 fr. pour la dot avec une hypothèque dont le rang remonte au moment du mariage célébré le 1er janvier 1849, et 40,000 fr. pour une indemnité avec hypothèque remontant au 1er janvier 1856.

Un sous-ordre est ouvert sur la collocation de la femme.

Se présentent pour y être sous-colloqués :

Primus pour 50,000 fr., avec une subrogation inscrite le 1er janvier 1850.

Secundus pour 50,000 fr., avec rang du 1er janvier 1851.

Tertius pour 25,000 fr. avec rang du 1er janvier 1852.

Aucune difficulté pour les 60,000 fr. représentant la reprise de la dot. *Primus* aura 50,000 fr., *Secundus* 10,000 fr.

Mais le point de droit est de savoir si les 40,000 fr. formant la dernière reprise de la femme, doivent être distribués entre *Secundus*, resté créancier de 40,000 fr., et *Tertius*, auquel est due toute sa créance de 25,000 fr., par concurrence, ou dans l'ordre où ils ont publié leur subrogation. Prenez ce dernier parti : *Tertius* perd ses 25,000 fr.; prenez le premier parti, *Tertius* ne perd que 10,000 fr. environ.

La jurisprudence respecte l'ordre des subrogations et, je crois, avec raison. En effet, en matière d'hypothèque, la jurisprudence opère dans le même sens; il y a ici argument d'analogie. Ensuite, ce n'est pas telle reprise dont la femme cède l'hypothèque; non, le contrat, encore une fois, porte sur le chiffre des reprises que la liquidation fera connaître. Jusque-là, bien des événements peuvent modifier les droits de la femme; ils ne sont même pas réputés être connus avant cette époque. En conséquence, c'est l'ordre des subrogations qui sera suivi.

35.— La cession de l'hypothèque légale donne au créancier nanti le droit de l'exercer avec la même étendue que la femme, et, par conséquent, sur tous les immeubles du mari, à moins toutefois de convention contraire; cette convention contraire est presque de style dans les actes notariés, lorsque la subrogation est faite par la femme au profit d'un créancier hypothécaire de son mari; il y est dit : que « Mme.... subroge le créancier hypothécaire dans son hypothèque » légale sur les biens de son mari, mais seulement en ce qu'elle » peut grever les immeubles spécialement engagés au créancier. »

Cette restriction, dont l'effet sera indiqué ci-dessous (n° 62), ne procure à la femme qu'un avantage, celui de ne pas voir l'hypothèque légale cédée venir, malgré elle, primer sur un autre immeuble du mari, la nouvelle hypothèque légale qui lui compète à raison de l'indemnité à réclamer.

36. — La cession de l'hypothèque légale n'est, après tout, qu'une sorte de nantissement irrégulier : nécessairement elle est toujours consentie au profit d'un créancier; ce créancier est celui de la femme, celui du mari, ou celui d'un tiers. Les mêmes règles sont applicables, sauf le recours de la femme, quand le créancier favorisé appartient au mari. Enfin, l'engagement de la femme envers le créancier qui ne lui est pas personnel peut porter seulement sur son hypothèque légale, et subsidiairement sur tout son patrimoine ou seulement sur son

hypothèque légale. Dans cette dernière hypothèse, la femme est à peu près dans la position d'un tiers qui constitue sur ses biens un gage, une antichrèse ou une hypothèque pour la dette d'autrui. Ce tiers est tenu seulement sur la chose, la femme seulement jusqu'à concurrence du montant de sa collocation obtenue sur les immeubles du mari par l'exercice de son hypothèque légale.

37. — Cette dernière situation avait paru dangereuse aux Facultés de Dijon et de Strasbourg, lors de l'enquête hypothécaire publiée en 1841.

Voilà comment s'exprimait à cet égard la Faculté de Dijon :

« Il conviendrait de frapper de nullité les subrogations ou renonciations d'hypothèque que consentirait la femme sans s'obliger personnellement. Deux motifs principaux conduisent à ce résultat : d'abord, c'est que la femme se laisserait aller trop facilement à une pareille renonciation, au lieu qu'elle sera plus circonspecte quand il s'agira de souscrire un engagement formel ; en second lieu, c'est que permettre à la femme de se dépouiller de son hypothèque par une simple signature, ce serait lui donner le moyen d'éluder trop facilement les dispositions de la loi qui assujettissent à certaines mesures de précaution la réduction de l'hypothèque légale. »

Après des observations analogues, la Faculté de Strasbourg proposait l'introduction, dans la législation hypothécaire, d'un article ainsi conçu :

« La femme ne pourra subroger à son hypothèque légale ni y renoncer qu'en faveur des créanciers de son mari, envers lesquels elle se sera personnellement obligée. »

Cette tentative d'exhumation de la loi Julia est demeurée sans écho parmi les jurisconsultes. N'eût-ce pas été la ruine inévitable des femmes ?

CHAPITRE II.

DE LA RENONCIATION A L'HYPOTHÈQUE LÉGALE.

38. — Renoncer à un droit, *c'est s'abstenir gratuitement de l'exercer sans s'inquiéter des conséquences juridiques de cette abstention.* Le cohéritier qui refuse gratuitement une succession, renonce ; il dispose, il reçoit de ses cohéritiers le prix de la prétendue renonciation. Le cohéritier qui refuse gratuitement une succession sans s'inquiéter qui,

de ses cohéritiers ou du degré subséquent profitera de son abstention, renonce. Il en est autrement s'il prétend renoncer au profit de telle ou telle personne.

39. — Un créancier hypothécaire qui *renonce* à l'hypothèque ne peut rien en retenir ; il devient chirographaire vis-à-vis de tous, débiteur, cocréanciers hypothécaires, cocréanciers chirographaires. S'il détermine lui-même les personnes auxquelles profite son abstention, cela lui est certes permis en droit, mais il ne renonce plus, il dispose. C'est donner aux mots une signification détournée que d'appeler renonciation l'acte par lequel un créancier consent à n'être plus hypothécaire à l'égard de tel ou tel, se réservant d'exercer son hypothèque contre tout autre. Soit pauvreté de langue, soit confusion, on appelle ces renonciations manquées des *renonciations in favorem*. Ces deux mots jurent de se trouver ensemble.

40. — Revenons à la femme mariée. La loi a donné aux femmes mariées, pour le recouvrement de leurs reprises, une hypothèque sur les immeubles des maris. A côté de cette règle, la loi a dû en placer une autre sans laquelle la première eût été inefficace, c'est de défendre aux femmes de renoncer à cette garantie ou de la restreindre en dehors de certains cas spéciaux. On doit penser combien peu aurait été pratique l'œuvre du législateur, si la femme avait pu *ad libitum* renoncer à son hypothèque. Par renonciation j'entends ici une véritable renonciation ayant des effets généraux, par laquelle la femme deviendrait chirographaire dans ses rapports avec son mari et avec tous les créanciers de ce dernier. Un pareil résultat est impossible pendant le mariage ; la femme peut seulement dégrever quelques immeubles du mari, mais alors avec le consentement de la famille et la permission du tribunal.

Il n'y a donc pas lieu de s'occuper, quant à la femme, de la véritable renonciation à son hypothèque légale.

41. — Il en est autrement *des renonciations in favorem* ; la pratique admet depuis longtemps, et la jurisprudence et la doctrine se sont ralliées à cette idée, qu'une femme pouvait, pendant le mariage et sans recourir à aucune des formalités prescrites par les articles 2144 et 2145 du code Napoléon, renoncer à se prévaloir de son hypothèque vis-à-vis de tel créancier de son mari, la convention restant à l'égard du mari et de ses autres créanciers *res inter alios acta*, ne devant ni leur nuire ni leur profiter.

42 — Mais ici commencent les difficultés. La nature de tout droit réel, de l'hypothèque par conséquent, est d'être opposable à tous. Comment donc entendre une hypothèque opposable seulement à quelques-uns ? Comment régler cette position bizarre de la femme étant à la fois et n'étant pas hypothécaire ? et enfin quel avantage le créancier doit il retirer de la renonciation *in favorem* ?

Deux systèmes se sont produits : le premier, le plus commode dans son application, consiste à n'établir aucune différence entre la renonciation *in favorem* et la subrogation ou la cession de l'hypothèque. Celui des créanciers au profit duquel la renonciation a été consentie, se présente au sous-ordre ouvert sur la collocation de la femme, et s'en fait attribuer le produit par préférence, jusqu'à concurrence de ce qui lui est dû. Ce créancier, de même que le cessionnaire et le subrogé, *entre dans les droits hypothécaires de la femme, les exerce*. La renonciation est dite alors *désinvestitive* ou *privative* pour la femme, *investitive* pour le créancier. Ce système a rallié à lui la majorité des auteurs et a presque toujours été suivi en jurisprudence.

43. — Dans un second système, cession et renonciation sont considérés comme deux mots à signification ouvertement différente ; on voit alors dans une renonciation *in favorem* un acte qui désinvestit la femme sans investir le créancier. La renonciation serait alors simplement désinvestitive ou privative, sans être investitive. Prenons un exemple : la femme a renoncé à son hypothèque légale au profit de *Tertius*, créancier hypothécaire du mari sur l'immeuble A. Cet immeuble est vendu 100,000 fr., et les créanciers qui produisent à l'ordre sont :

La femme, pour..............	40,000 fr.
Primus, pour..............	50,000
Secundus, pour..............	40,000
Tertius, pour..............	20,000
Total......	150,000 fr., *Secundus*

perd 30,000 fr., *Tertius* 20,000.

Si l'hypothèque légale de la femme n'existait pas, l'ordre devrait être ainsi réglé :

Primus..................	50,000 fr.
Secundus..................	40,000
Tertius..................	10,000
Total........	100,000 fr.

Mais comme l'hypothèque légale de la femme, éteinte en faveur de *Tertius*, peut s'exercer à l'égard de *Primus* et de *Secundus*, le règlement définitif donnera pour résultat :

La femme, pour............	30,000 fr.	
Primus, pour.............	50,000	
Secundus, pour...........	10,000	
Tertius, pour............	10,000	
Total.......	100,000 fr.	

La renonciation *in favorem* produit à *Tertius* un avantage de 10,000 fr. Le calcul est des plus simples. Le juge-commissaire doit chercher à répondre à la question suivante : Qu'aurait *Tertius* en supposant éteinte l'hypothèque de la femme (1) ?

44. — Je dis que le calcul est des plus simples ; cela est toujours vrai en théorie, mais l'est rarement en pratique. En effet, si la femme n'a fait aucun autre disposition de l'hypothèque légale que la renonciation *in favorem*, pas de difficultés. Mais le contraire arrive le plus souvent. Le travail du juge-commissaire est alors très-compliqué. Ainsi la femme a fait plusieurs cessions, puis ensuite une renonciation *in favorem*, un ordre est ouvert sur un immeuble du mari. Le créancier, nanti de la renonciation, veut empêcher la femme de lui nuire, les cessionnaires veulent exercer tous ses droits ; le premier discute la validité et le chiffre des cessions ; les subrogés ne veulent pas reconnaître la renonciation. Tous ces points sont étrangers à l'ordre. Le droit des cessionnaires, la validité des cessions, ne peuvent être discutés que dans le sous-ordre qui sera ouvert sur le produit de la collocation de la femme. Mais le bon sens dit suffisamment que des cessionnaires seuls, qui demandent une part dans la collocation de la femme, peuvent produire au sous-ordre. Le créancier, nanti de la renonciation, ne peut y paraître à ce titre : qu'y viendrait-il faire ? Produire sur la collocation de la femme ? Mais son droit est négatif, la renonciation pour lui est simplement privative.

45. — Les partisans du premier système lèvent la difficulté en donnant au créancier nanti de la renonciation, les attributs d'un cessionnaire de l'hypothèque. Ainsi *Tertius* produirait au sous-ordre pour

---

(1) Voyez, pour l'application de ce système, le travail de M. Bertauld avec les arrêts de la cour de Caen, par lui cités.

toute sa créance de 20,000 fr. N'est-ce pas trancher le nœud gordien au lieu de le délier ?

Toutefois l'art. 9 de la loi de 1855 paraît au premier abord leur donner raison : M. Pont s'exprime ainsi sur l'identité de la cession et de la renonciation :

« Mais cette solution ne saurait plus être contestée, car elle est vir-
» tuellement consacrée par l'art. 9 de la loi du 23 mars 1855. En
» effet, d'une part, cet article, après avoir mentionné distinctement la
» cession et la renonciation, les assimile ensuite en les confondant
» sous cette dénomination commune de subrogation, et par là même
» indique que la cession et la renonciation sont deux voies distinctes
» pour arriver au même but, qui est la subrogation ; d'une autre part,
» et comme si ce n'était pas assez pour indiquer la pensée du légis-
» lateur, l'article confondant encore dans son second paragraphe ceux
» qui ont obtenu des cessions et des renonciations, exprime que pour
» ceux-ci, aussi bien que pour ceux-là, les dates des inscriptions ou
» mentions déterminent l'ordre dans lequel ils exerceront les droits
» hypothécaires de la femme. Il ne saurait plus y avoir de doutes sur
» ce point de droit, qui, désormais, ne peut plus être mis en ques-
» tion. »

46. — Quelque respect que mérite M. Pont, je ne crois pas que son argumentation soit juste.

La renonciation est à la fois désinvestitive et investitive, a dit la loi de 1855. Le créancier nanti d'une renonciation exercera les droits hypothécaires de la femme comme le créancier cessionnaire ; voilà ce qui se trouve incontestablement dans l'article 9. Mais l'un et l'autre, le créancier nanti d'une cession et le créancier nanti d'une renonciation, exerceront-ils ces droits de la même manière et avec la même étendue ? Tel est le point de droit du procès.

47. — Avant tout, il est indiscutable : « qu'on doit, dans les
» conventions, rechercher quelle a été la commune intention des
» parties contractantes, plutôt que de s'arrêter au sens littéral des
» termes. » (Art. 1156, Code Napoléon.)

Les mots sont si souvent en pratique détournés de leur véritable sens, qu'il pourrait très-bien se faire que, sous l'apparence d'une renonciation, les parties aient entendu faire et accepter une véritable cession. *Non sermoni res sed rei sermo subjectus est.*

48. — Mais supposons, comme devant être indiscutablement prise

dans le sens littéral de ses mots, l'expression suivante : « La femme
» renonce à son hypothèque légale au profit de *Primus*, créancier
» hypothécaire du mari inscrit sur l'immeuble *A*. » Dira-t-on, quoique
bien sûr de la contraire intention des parties, qu'ici renonciation
doit avoir même effet que subrogation ? Autant et mieux vaudrait
abroger l'article 1134, aux termes duquel les conventions tiennent
lieu de loi entre les parties et l'article 6, qui a cru devoir inscrire au
frontispice du code Napoléon le principe sacré de la liberté des conventions. Ainsi la femme a renoncé au profit de *Primus*, inscrit sur
l'immeuble *A*, et ne l'a pas subrogé ; comment les choses vont-elles
se passer depuis l'art. 9 de la loi de 1855 ?

Il s'agit toujours de donner à *Primus* le dividende qui lui appar-
tiendrait si la femme n'avait pas d'hypothèque légale à exercer.

Un ordre est ouvert sur le prix de l'immeuble A. Deux hypothèses
sont à prévoir :

49. — *Première hypothèse*. La femme qui, en vertu de son hypothèque générale, espère se faire payer ou peut-être a déjà été payée
sur d'autres immeubles du mari, ne produit pas à cet ordre. La convention de renonciation *in favorem* est exécutée de la manière la
plus simple. L'hypothèque légale de la femme ne nuit pas à *Primus*.

50. — *Seconde hypothèse*. — La femme, ou ses créanciers pour
elle, en vertu des art. 1166 du Code Napoléon et 775 du code de
procédure civile, produisent à l'ordre ouvert sur l'immeuble A ; c'est
incontestablement leur droit, puisqu'on ne peut leur opposer qu'une
renonciation *in favorem*. Comment le juge-commissaire à l'ordre
va-t-il concilier les prétentions des parties, la femme voulant se présenter, le créancier armé de la renonciation ne le voulant pas ? Comment surtout expliquer notre article 9, qui donne au créancier nanti
de la renonciation la dénomination de cessionnaire ? Le voici :

Le juge commissaire règlera l'ordre, sans s'inquiéter des conventions particulières qui ont pu être faites entre les créanciers produisants. La femme sera colloquée à son rang pour toutes ses reprises,
le créancier nanti de la renonciation au rang que lui donne l'inscription de son hypothèque sur l'immeuble du mari.

Une fois l'ordre ainsi réglé, un sous-ordre sera ouvert sur le montant de la collocation de la femme : produiront à ce sous-ordre tous
ceux au profit desquels la femme a disposé d'une manière ou d'une
autre de son hypothèque légale, et parmi eux le créancier *Primus*,

qui se prévaut d'une renonciation *in favorem*. Les cessionnaires de l'hypothèque demanderont une sous-collocation par préférence pour tout ce qui leur est dû ; les créanciers, nantis d'une renonciation, demanderont une sous-collocation par préférence, *pour le tort que leur a causé l'exercice de l'hypothèque légale de la femme.*

Exemple :

Un ordre est ouvert sur la somme de cent mille francs, provenant de la vente de l'immeuble A appartenant au mari. — Le règlement provisoire donne les résultats suivants :

La femme...............	30,000 fr.
Joseph	30,000
Paul...................	60,000
Primus...............	20,000

Le règlement définitif établit que :

La femme reçoit........	30,000 fr.
Joseph	30,000
Paul.	40,000
Total........	100,000 fr.

Paul perd......	20,000 fr.
Primus	20,000 fr.

Mais la femme avait cédé, le 1er janvier 1850, son hypothèque légale à Pierre, créancier de 12,000 fr. ; puis, le 1er janvier 1851, renonciation *in favorem* consentie à *Primus* ; puis enfin, nouvelle cession faite à *Secundus*, créancier de 10,000 fr., le 1er janvier 1852 ; les conditions de publicité ont été remplies le même jour que chaque constitution consentie par la femme.

Sur le montant de la collocation de la femme, s'élevant à 30,000 fr., un sous-ordre est ouvert.

Pierre demande à être sous-colloqué, à la date du 1er janvier 1850, pour 12,000 fr.

Primus, à la date du 1er janvier 1851, pour 10,000 fr.

Ces 10,000 fr. représentent le tort que lui cause l'exercice de l'hypothèque légale de la femme.

Et enfin, *Secundus*, à la date du 1er janvier 1852, pour 10,000 fr.

Le règlement du sous-ordre donne aux prétentions des produisants la satisfaction suivante :

Pierre prend	12,000 fr.
Primus	10,000
Secundus	8,000
Total	**30,000 fr.**

La renonciation in favorem *est donc une cession limitée au tort qu'a causé à tel créancier du mari, l'exercice de l'hypothèque légale de la femme.*

51. — Comparons maintenant la renonciation *in favorem* avec la subrogation.

Le créancier cessionnaire a toujours intérêt à poursuivre la collocation de la femme.

Le créancier hypothécaire du mari, nanti d'une renonciation, n'en a pas. Il se trouve dans cette position digne de remarque, que la convention faite à son profit *sortira son plein et entier effet*, que la femme soit ou ne soit pas colloquée sur l'immeuble A.

Le subrogé *exerce*, pour tout ce qui lui est dû, les droits de la femme.

Le créancier nanti d'une renonciation *les exerce* dans la limite du tort que lui ont causé ces mêmes droits.

L'un et l'autre peuvent se dire subrogés à l'hypothèque légale de la femme mariée. Le véritable subrogé a un droit de préférence plus étendu, mais le créancier nanti de la renonciation a un avantage plus certain. En effet, la cession de l'hypothèque légale devient sans objet, si les reprises de la femme se réduisent à néant. La renonciation *in favorem* produit toujours le même résultat, quel que soit le sort de la créance de la femme.

En général, le créancier subrogé, à moins de convention contraire, exerce les droits de la femme sur tous les immeubles du mari. Le créancier nanti de la renonciation ne les exerce jamais que sur les immeubles sur lesquels il peut se dire créancier hypothécaire du mari.

Enfin, la subrogation est consentie au profit, soit du créancier du mari, soit du créancier d'un tiers, soit du créancier de la femme.

La renonciation est toujours faite en faveur d'un créancier du mari.

52. — J'ai supposé dans les exemples précédents, que le créancier favorisé de la renonciation *in favorem*, était en même temps créancier

hypothécaire du mari. C'est bien ce qui arrive le plus souvent dans la pratique. Mais rien n'empêche qu'un créancier chirographaire du mari puisse profiter d'une renonciation *in favorem;* cela lui donnera le droit de se présenter au sous-ordre pour une somme équivalente à celle qu'il aurait touchée sur les biens du mari, si la femme n'avait pas exercé son hypothèque légale. Mais cette renonciation au profit d'un chirographaire doit être et est très-rare en pratique. D'une part, elle n'offre rien de certain, car le tort causé par l'hypothèque légale diminue à mesure qu'augmente la masse passive chirographaire du mari ; d'autre part, la difficulté de calculer le tort causé, fait que les prêteurs d'argent, qui aiment les sûretés palpables, apprécient peu ce genre de garantie.

53. — Quoi qu'il en soit, la renonciation *in favorem* ainsi entendue, tombe sous l'empire de la loi de 1855, au point de vue de l'authenticité et de la publicité. Ce n'est pas l'avis de M. Mourlon. Selon ce jurisconsulte, l'art. 9 ne prévoyant pas l'hypothèse d'une renonciation privative *in favorem*, et toutefois ne la prohibant pas, la renonciation *in favorem* reste sous l'empire du droit commun, susceptible d'être consentie par acte sous-seing privé et opposable aux tiers, sans aucune publicité, du jour où elle aura acquis date certaine.

54. — Ainsi voilà une loi qui, pour empêcher la femme d'altérer légèrement son hypothèque légale, soumet les actes de disposition à la forme authentique, espérant que la solennité de l'acte, les conseils de l'officier public, lui inspireront des réflexions salutaires ; et il faut conclure de cette loi qu'il sera permis à la femme d'anéantir sous le manteau de la cheminée cette belle sûreté de l'hypothèque légale.

Bien mieux : qui pourra garantir le véritable cessionnaire de l'utilité du droit qui lui est consentie, si des renonciations occultes peuvent lui être opposées ? Voilà donc une loi de publicité dont le but évident, partout et bien haut proclamé, est de mettre la femme dans l'heureuse impossibilité de frauder les créanciers avec lesquels elle traite de son hypothèque légale, et des termes mêmes de cette loi il faudra encore conclure que la femme pourra toujours tromper ces mêmes créanciers.

Le législateur ne peut pas être aussi inconséquent.

55. — En résumé, la femme ne peut pas véritablement *renoncer* à son hypothèque.

Les renonciations in favorem seules lui sont permises.

Les renonciations in favorem privatives ne sont pas consacrées par la loi de 1855.

Les renonciations in favorem investitives ne sont pas complétement identifiées aux cessions de l'hypothèque légale.

Enfin, l'innovation de la loi de 1855 consiste à faire du créancier nanti de la renonciation *in favorem* investitive, un cessionnaire de l'hypothèque légale, mais seulement pour une somme égale à celle que lui enlève l'exercice de l'hypothèque légale de la femme sur tel immeuble du mari.

En cette qualité, celui au profit duquel est faite une renonciation est soumis aux formalités prescrites par l'art. 9.

CHAPITRE III.

DE LA CESSION D'ANTÉRIORITÉ.

56. — Il est une troisième manière pour la femme de disposer de son hypothèque légale. La pratique l'a nommée *cession d'antériorité.* L'art. 9 de la loi de 1855 n'en parle pas. De là, cette double question :

Les cessions d'antériorité sont-elles permises?

Sont-elles soumises aux formalité d'authenticité et de publicité prescrites par l'art. 9?

L'affirmative n'est pas contestable. Il suffit de se rendre compte de l'effet d'une cession d'antériorité pour en convenir. La cession d'antériorité est l'acte par lequel deux créanciers hypothécaires sur le même immeuble font interversion de rang.

Je dis qu'une pareille convention rentre dans l'esprit et, au besoin, dans la lettre de l'art. 9. En effet, ou elle n'est d'aucune utilité au créancier qui en est nanti, ou elle vaut à son égard comme cession de l'hypothèque.

57. — Prenons un exemple : L'immeuble A du mari, vendu cent mille francs, est grevé :

1° Au profit de la femme, pour.....	40,000 fr.
2° Au profit de *Primus*, pour......	30,000
3° Au profit de *Secundus*, pour.....	20,000
Total..............	90,000 fr.

La femme avait consenti à *Secundus* cession d'antériorité ; mais puisque l'immeuble produit 100,000 fr., et que les créances hypothécaires ne montent qu'à 90,000 fr., *Secundus* n'a nullement besoin d'invoquer la cession d'antériorité.

L'immeuble, au lieu de cent mille francs, produit cinquante mille francs ; Que va-t-il se passer ?

La femme sera colloquée pour 40,000 fr.

Primus pour. . . . . 10,000 fr.

Total : . . . . . 50,000 fr.

Dans le sous-ordre qui sera ouvert sur le produit de la collocation de la femme, *Secundus* requerra une sous-collocation par préférence, pour 20,000 francs.

58. — Soit un autre exemple :

L'immeuble du mari, vendu 120,000 francs est grevé, comme il suit :

Primus. . . . . 60,000 fr.

La femme . . . . 30,000 fr.

Secundus. . . . . 60,000 fr.

Tertius . . . . 60,000 fr.

La femme et *Tertius* ont fait interversion de rang.

Le règlement de l'ordre est fait :

Primus perd. . . . . . . 60,000 fr.

La femme. . . . . 30,000 fr.

Secundus. . . . . 30,000 fr. seulement.

Total. . . . 120,000 francs.

Secundus perd 30,000 fr., et *Tertius* 60,000 francs.

Mais un sous-ordre va s'ouvrir sur la collocation de la femme, montant à 30,000 fr.

Tertius, cessionnaire de l'antériorité, demandera une sous-collocation pour la somme de 60,000 francs ; dans l'espèce, il perdra définitivement une somme de trente mille francs.

59. — *La cession d'antériorité est donc une cession d'hypothèque légale restreinte à tel immeuble du mari, et faite en faveur d'un créancier du mari, inscrit sur cet immeuble.* En d'autres termes, c'est un droit de préférence sur le produit de la collocation de la femme, obtenue par l'exercice de l'hypothèque légale sur tel immeuble du mari,

droit de préférence consenti par la femme au profit d'un créancier hypothécaire du mari, grevant le même immeuble.

Il faut appliquer ici tout ce qui a été dit dans le chapitre premier sur la cession de l'hypothèque.

60. — On peut donc trouver étrange que le projet du conseil d'Etat présenté à l'assemblée législative, lors de la réforme hypothécaire tentée sous la République, ait admis la cession d'antériorité, tout en rejetant la cession de l'hypothèque, et que M⁰ Bethmont ait déclaré que celle-ci ne se concevait pas, tandis que celle-là était soumise aux règles du droit commun.

Cependant l'une est de la même famille que l'autre. La cession d'antériorité seulement est moins large que la cession d'hypothèque. On peut même remarquer en passant, que ces trois modes d'altérer l'hypothèque légale, la cession de l'hypothèque, la cession de l'antériorité et la renonciation, ont entre eux tant d'affinité que, souvent ils produiront un résultat identique.

Soit l'immeuble A, d'une valeur de cent mille francs, affecté à la femme pour 60,000, à *Primus* pour 40,000, à *Secundus* pour 60,000 fr. Ce dernier ne sera pas colloqué à l'ordre. Mais s'il est nanti d'une cession de l'hypothèque, d'une renonciation *in favorem*, ou d'une cession d'antériorité, il touchera 60,000 francs dans le sous-ordre ouvert sur la collocation de la femme.

61. — Une seule difficulté est spéciale à la matière :

Le mari a deux immeubles, tous deux d'une valeur de cent mille fr.

L'immeuble A est affecté :

1° A la femme pour. . . . . 40,000 francs.

2° A *Primus* pour. 60,000

3° A *Secundus* pour. 50,000

4° A *Tertius* pour. 40,000

La femme a fait à *Tertius*, le 1ᵉʳ janvier 1850, une cession d'antériorité.

L'immeuble B est grevé :

1° Au profit de la femme, de la même somme de 40,000 francs.

2° Au profit de Joseph, de. 60,000

3° Au profit de Paul, de. 40,000

La femme a incontestablement, en vertu de son hypothèque générale, le droit de choisir l'immeuble sur lequel elle entend être payée. Mais voici la difficulté :

Si la femme produit dans l'ordre ouvert sur le prix de l'immeuble B, et y est colloquée en ordre utile, son hypothèque légale sera éteinte, par conséquent aucune production ne pourra être faite sur l'immeuble A au nom de la femme, et *Tertius* voudrait en vain se prévaloir de la cession d'antériorité ; *Primus* et *Secundus* lui répliqueraient avec succès : vous ne pouvez avoir plus de droits que la femme au nom de laquelle vous prétendez agir. La femme a été payée de ses reprises sur le prix de l'immeuble B, vous ne pouvez donc la faire colloquer sur le prix de l'immeuble A.

Tertius va-t-il défendre à la femme de produire au premier ordre, et la forcer à se présenter au second ouvert sur le prix de l'immeuble A? ou autrement dépendra-t-il de la femme d'anéantir la cession d'antériorité consentie au profit de *Tertius?*

On peut même supposer, sans être dans l'invraisemblance, que la femme a consenti à différentes époques, à divers créanciers hypothécaires du mari, inscrits sur différents immeubles, des cessions d'antériorité. La présence de la femme à tel ordre ouvert sur tel immeuble peut être l'objet de sacrifices pécuniaires des créanciers cessionnaires d'antériorité, inscrits sur cet immeuble : le tout au préjudice de ceux inscrits sur tel autre immeuble ; la conduite de la femme peut n'être pas exempte de fraude.

Comment régler ce conflit?

Je crois, en général, que la femme a le droit de se présenter sur l'immeuble qu'il lui plaît de choisir. Mais dans le sous-ordre ouvert sur le montant de sa collocation, les créanciers cessionnaires d'antériorité, même ceux inscrits sur d'autres immeubles, feront valoir leurs droits dans l'ordre selon lequel ils auront satisfait à la loi de publicité. Seulement, ils ne pourront réclamer plus qu'ils n'auraient touché si la femme eût été colloquée sur l'immeuble qui leur est affecté. Prenons un exemple :

L'immeuble A, d'une valeur de 30,000 francs, est hypothéqué

à *Primus*, pour . . . . 15,000 francs.

A la femme pour . . . . 60,000 »

A *Secundus* pour . . . . 15,000 »

A *Tertius* pour . . . . 20,000 »

Tertius s'est fait consentir par la femme une cession d'antériorité. Si la femme se présente à l'ordre ouvert sur cet immeuble, *Tertius* faisant valoir la cession d'antériorité, touchera quinze mille francs. C'est

donc pour cette somme de quinze mille francs que *Tertius* a le droit
de produire sur le montant de toute collocation de la femme.

62. — Si au lieu d'être un cessionnaire d'antériorité, *Tertius* était,
comme dans l'hypothèse prévue dans le n° 35 de cette dissertation, un
cessionnaire de l'hypothèque légale, mais restreinte seulement à l'immeuble A, sa position serait identique; car, entre *Tertius* cessionnaire
d'antériorité, et *Tertius* cessionnaire de l'hypothèque légale restreinte à
l'immeuble A, il y a cette unique différence que *Tertius*, cessionnaire
d'antériorité, est nécessairement un créancier hypothécaire du mari,
et que *Tertius* cessionnaire de l'hypothèque restreinte, est ou chirographaire ou hypothécaire.

Le cessionnaire sans restriction de l'hypothèque légale a un droit
de préférence pour tout ce qui lui est dû sur le montant de toute collocation de la femme.

CHAPITRE IV.

DE LA CESSION DE CRÉANCES.

63. — Très-souvent dans la pratique, la clause par laquelle le créancier entend acquérir les droits de la femme est ainsi conçue :

« Pour plus de garantie, Madame... sous l'autorisation de son mari,
» *cède et transporte* par ces présentes, en principal intérêts et ac-
» cessoires par préférence à elle-même et jusqu'à concurrence de la
» présente obligation en principal et intérêts et accessoires à mon-
» sieur... qui accepte, *les droits, reprises, créances et avantages ma-*
» *trimoniaux* qu'elle peut ou pourra avoir à exercer contre son mari,
» et *par suite*, elle le met et subroge par préférence à elle-même et
» jusqu'à due concurrence dans l'effet de son hypothèque légale sur
» les biens de son mari.

« Monsieur (le mari) déclare accepter ce transport et se le tenir
» pour bien et dûment signifié. »

Cette manière de s'exprimer est, je crois, adoptée par les notaires
de Paris. Quelle est sa portée ?

64. — Les parties ne se sont pas contentées d'une cession d'hypothèque. Comprenant qu'un droit accessoire ne pouvait, en bonne logique, avoir une existence indépendante du droit principal, elles ont
fait d'abord porter la cession sur le droit principal. La femme a

cédé ses reprises et « *par suite* » son hypothèque légale. Rien n'est plus valable, du moins en apparence; mais si l'on veut déterminer la valeur de l'acte en lui-même, on est assez embarrassé.

65. — La femme a-t-elle véritablement fait cession de sa créance de reprises? Oui, à ne consulter que les termes employés; les mots cession, transport, s'y trouvent répétés. Malheureusement la cession n'est autre chose qu'une vente. Or une vente, pour exister comme vente, nécessite la réunion de trois éléments : la chose, le prix, le consentement des parties. Où donc est le prix de la cession que la femme consent? Je ne le vois nulle part. En vain dirait-on que ce prix consiste pour la femme dans l'avantage qu'elle procure à son mari. Tous les auteurs sont d'accord pour exiger un prix sérieux, facilement appréciable, *quod in pecuniá numeratá consistere debet.* L'avantage dont il est question ne présente pas ce caractère. La femme n'a donc pas cédé sa créance de reprises.

66. — L'a-t-elle donnée en nantissement? Il est sûr que c'est là ce qu'ont voulu les parties. La femme a sans doute le droit de donner sa créance en gage pour la dette d'un tiers, de son mari par conséquent. Ce raisonnement est juste, aussi n'est-ce pas le fond du contrat dont la validité est contestée, c'est la forme, et malheureusement pour le créancier, c'est surtout dans les matières qui tiennent à des droits de préférence qu'il est vrai de dire que la forme emporte le fond. Nous disons donc que le prétendu nantissement est nul en la forme. Parmi les conditions exigées pour le contrat de gage, il s'en trouve une essentielle qui manque ici, c'est la tradition de la chose entre les mains du créancier, tradition qui pour les choses incorporelles s'opère par la remise des titres.

Il sera presque toujours impossible à la femme de remettre au créancier les titres de ses reprises. Ces reprises proviennent, en effet, de différentes sources. Pour la dot, les avantages matrimoniaux, le titre sera la grosse du contrat de mariage; mais pour l'indemnité de la vente d'un propre, d'une dette payée pour le mari, d'une succession ou d'une donation échues à la femme et dissipées par le mari, où est le titre constitutif qui devra être livré au créancier? Je ne le vois pas.

67. — Toutefois, si cette convention ne vaut pas comme nantissement parfait à l'égard de la femme et des créanciers de celle-ci, elle doit produire un effet important, c'est d'équivaloir à une cession

d'hypothèque légale. En effet, les parties ont voulu constituer, en quelque sorte, deux nantissements, l'un sur la créance même de la femme, l'autre sur son hypothèque légale. — Le premier est nul; le second valable, car les conditions de fond nécessaires à sa formation : consentement de la femme, présence d'un créancier, se rencontrent.

C'est le cas d'appliquer ici la maxime : *utile per inutile non vitiatur*.

68. — Par les explications qui précèdent se trouve résolue une question qui depuis la loi de 1855 a été comprise diversement par ses interprètes. L'article 9 exige l'authenticité et la publicité des cessions d'hypothèque légale. Faut-il étendre cette exigence à la *cession de la créance?* L'affirmative n'est pas douteuse, puisque après tout cette prétendue cession produit au profit du cessionnaire un seul avantage, celui d'avoir un droit de préférence sur le montant de la collocation de la femme, le même que procure la cession d'hypothèque légale.

69. — En déniant à la clause rapportée au commencement de ce chapitre la qualité de cession-transport, je n'ai pas entendu dire qu'il fût littéralement impossible à un tiers de se trouver propriétaire de la créance de la femme. Ce résultat se comprend même pendant le mariage.

Le mari doit à la femme une somme de cent mille francs pour l'indemnité de l'aliénation d'un de ses propres. Rien n'empêche la femme, dûment autorisée, de vendre cette créance à un tiers moyennant un prix déterminé; rien n'empêche encore la femme de recevoir son paiement d'un tiers qu'elle subroge dans tous ses droits contre son mari. Celui-ci a le droit, de son côté, pourvu que la femme y consente, d'acheter un nouvel immeuble en remploi (art. 1435), ou de lui livrer un de ses immeubles à titre de dation en paiement (art. 1595 2°). Rien n'empêche que le mari acquière ce nouvel immeuble avec des fonds empruntés d'un tiers qui serait subrogé dans la créance en indemnité de la femme, en remplissant les formalités exigées par l'art. 1250 2°, pour la subrogation opérée par le débiteur. Dans tous ces cas, le cessionnaire et le subrogé se trouvent aux droits de la femme non-seulement en ce qui touche son hypothèque légale, mais aussi en ce qui touche le droit personnel, la créance, en un mot, dont le mari est débiteur.

70. — Mais, on le comprend, cette cession et subrogation doivent être faites sérieusement. C'est la femme qui, *en réalité*, doit recevoir le prix de la cession, ou qui doit recevoir son paiement s'il s'agit de subrogation. Supposons que l'argent donné tombe entre les mains du mari, même avec le consentement de la femme, il n'y a plus ni cession-transport ni subrogation, c'est un véritable emprunt fait par le mari avec engagement de la femme sur son hypothèque légale. Il faut donc que le cessionnaire ou le subrogé veille à ce qu'il soit fait emploi de la somme au nom de la femme.

Qu'on veuille bien y réfléchir : Si l'argent donné par le prétendu cessionnaire tombait immédiatement par ricochet entre les mains du mari, la femme acquerrait immédiatement aussi une nouvelle créance en indemnité contre son mari. Cette nouvelle créance pourrait, comme la première, devenir l'objet d'une cession ou d'une subrogation, en tout point semblable. La femme deviendrait pour la troisième fois créancière de son mari. Ce manége pourrait être répété plus souvent encore. Ne serait-ce pas une insigne comédie ? Il faut donc à toute force qu'il y ait un emploi effectué au nom de la femme. Sans doute il n'est pas impossible que la femme, en aliénant la chose donnée en remploi, devienne par la suite, une seconde fois, créancière de son mari ; mais il s'écoulera un certain espace de temps entre les deux opérations. Au surplus, les tribunaux, qui sont institués pour donner aux actes des parties leur véritable nom, sauront toujours bien distinguer en fait une véritable cession ou une véritable subrogation de la créance de la femme, d'un emprunt fait par le mari avec cession d'hypothèque légale consentie par la femme.

71. — Supposons cependant un tiers qui a satisfait à toutes les conditions pour devenir cessionnaire ou subrogé de la femme. Par voie de conséquence, il devient aussi cessionnaire de l'hypothèque légale. Doit-il, à peine de nullité, et pour rendre son droit opposable aux tiers, remplir les conditions d'authenticité et de publicité prescrites par notre article 9?

Un point incontestable, c'est que cet article ne soumet à la publicité et à l'authenticité que la cession d'hypothèque et non la cession de créance. Faut-il raisonner par analogie ou par argument *à contrario?*

Ce dernier me semble préférable. La cession de l'hypothèque est, comme on le sait, un nantissement imparfait. La cession de la créance emporte mutation de propriété. Or la loi exige certainement moins de formalités pour la confection d'une vente que pour la constitution d'un droit de préférence : ainsi, le nantissement d'une créance n'existe pas sans la remise des titres; la cession est valable aussitôt que les significations prescrites par l'art. 1690 ont eu lieu.

La vente d'un immeuble peut être faite verbalement.

L'antichrèse ne s'établit que par écrit.

Depuis la loi de 1855, une vente non transcrite est valable à l'égard du vendeur et de ses créanciers chirographaires.

L'antichrèse, pour être opposable aux mêmes créanciers, doit être transcrite.

72. — En vain dirait-on en faveur du système que je combats, que les projets du conseil d'État et de la commission législative lors de la réforme hypothécaire tentée sous la république, soumettaient aux mêmes conditions d'authenticité et de publicité les cessions de créance et les cessions d'antériorité; on pourrait répondre que notre art. 9, n'ayant pas compris dans ses expressions la cession de créance, n'entend pas la soumettre à ses prescriptions.

Autrement, il faudrait exiger l'authenticité et la publicité non-seulement pour la cession de la créance de la femme, mais encore pour la cession de toute créance, car les projets de loi sur lesquels on s'appuie ne distinguaient pas.

73. — En résumé, y a-t-il réellement une cession de la créance, l'art. 1690 du code Napoléon régit la matière. Le cessionnaire est saisi à l'égard des tiers par la signification du transport au débiteur ou son acceptation par acte authentique. Y a-t-il, au contraire, sous le nom de cession de créance, une convention qui, comme la clause rapportée en tête de ce chapitre, produit seulement un droit de préférence sur la collocation de la femme ; peu-importent les termes employés par les parties : il y a cession principale de l'hypothèque dans le sens de la loi, et par conséquent nécessité d'obéir à l'art. 9.

74. — M. Troplong, qui soumet aux formalités de l'article 9 la cession de la créance de la femme sans faire de distinction, prévoit l'hypothèse de la première partie de ce chapitre, dans laquelle, sous le nom de cession de créance, les parties n'ont pas fait autre chose qu'une cession de l'hypothèque. « Allons au fond des choses : » qu'est-ce que la cession faite par une femme *au créancier de son* » *mari* et portant sur ses droits, créances et reprises? C'est, en défi-

» nitive, une cession de l'hypothèque de la femme pour être utile-
» ment payé; c'est une garantie donnée au créancier; c'est une fa-
» cilité accordée au crédit du mari pour procurer à ce tiers des sûre-
» tés convenables. Or quelle différence y a-t-il, au point de vue qui
» nous occupe ici, entre ce cas et celui d'une cession pure et simple
» de l'hypothèque ou du rang hypothécaire? •

CHAPITRE V.

Qui peut céder l'hypothèque légale ou y renoncer?

75.—L'article 2123 nous avertit qu'une hypothèque conventionnelle
peut être constituée par celui-là seul qui peut aliéner l'immeuble qu'il
entend grever. On peut, je crois, dire par analogie que, pour faire une
cession d'hypothèque légale, il faut avoir capacité d'aliéner la créance
que garantit cette hypothèque. Lorsque cette cession de l'hypothèque
est faite au créancier d'un tiers, le constituant doit, en outre, être
capable de s'obliger.

Pour céder valablement son hypothèque légale, la femme doit donc
être autorisée de son mari ou de justice, et, de plus, se trouver sous
un régime qui lui permette la libre disposition de sa créance de reprises.

En conséquence, sont capables à cet effet sans aucun doute :

1° Les femmes communes ;

2° Les femmes non communes ;

3° Les femmes séparées de biens ;

4° Les femmes dotales, mais seulement en ce qui touche l'hypothèque garantissant leurs reprises paraphernales ;

5° Les femmes dotales, dans tous les cas où elles peuvent aliéner leur
dot et sous les mêmes conditions et formalités. (Art. 1555 à 1559 du
Code Napoléon.)

Tous ces points sont incontestables; il en est un seul qui a donné
lieu à controverse.

76. — L'immeuble dotal est inaliénable; on en a conclu avec raison
que si la femme devenait créancière du mari à raison de cet immeuble, par exemple, en cas d'aliénation frauduleuse faite par ce dernier,
elle n'aurait la faculté ni de céder cette créance, ni de céder l'hypothèque qui assurait son recouvrement. Mais on sait combien a donné
lieu à discussion la fameuse question de l'inaliénabilité de la dot mobi-

lière. L'intérêt vraiment pratique de la décision est d'accorder ou de refuser à la femme la faculté de céder l'hypothèque légale qui garantit le recouvrement de cette dot.

Sans vouloir entrer à fond dans l'examen de cette grave question, je ferai seulement remarquer que l'inaliénabilité est reconnue par une jurisprudence constante, et qu'elle est sanctionnée par l'article 20 du décret-loi du 28 février-9 avril 1852 sur le crédit foncier, lequel article, en défendant à la femme dotale de subroger le crédit foncier dans son hypothèque légale, ne distingue pas entre la dot mobilière et la dot immobilière : comme un retour de la jurisprudence est peu probable, les créanciers feront bien de ne pas se fier à une cession d'hypothèque légale émanée de toute femme mariée sous le régime dotal.

77. — Les auteurs qui soutiennent l'inaliénabilité de la dot mobilière ont conclu à l'incessibilité de l'hypothèque qui la garantit. Il semble que cette incessibilité devrait être rejetée par quiconque combat pour faire déclarer cette dot mobilière aliénable. En sorte qu'on devrait toujours faire marcher ensemble l'inaliénabilité de la dot et l'incessibilité de l'hypothèque, l'aliénabilité de la dot et la cessibilité de l'hypothèque.

Il n'en est pas toujours ainsi. L'un des plus fermes adversaires du régime dotal refuse de croire, sous le code Napoléon, à l'inaliénabilité de la dot mobilière ; et cependant il proclame l'incessibilité de l'hypothèque. Voici son raisonnement : Prise isolément comme faisant la matière principale d'une cession, l'hypothèque est un droit réel immobilier. Or, sous le régime dotal, les immeubles sont de droit inaliénables, donc.....

78. — Pour moi, c'est par abus de langage qu'on parle de cession de l'hypothèque. La prétendue cession de l'hypothèque n'est autre que la constitution d'un droit de préférence sur la collocation de la femme, ou si l'on veut à toute force employer le mot cession, c'est *une cession éventuelle et jusqu'à due concurrence restreinte à la collocation obtenue par la cédante en vertu de son hypothèque légale.*

Cette collocation est-elle le paiement d'une créance mobilière et aliénable *ab ovo* ou n'est-elle que la transformation en argent, *la datio in solutum* d'une créance dans le principe immobilière et inaliénable ? Voilà toute la question en ce qui concerne l'hypothèque légale sous le régime dotal ; cessible dans le premier cas, incessible dans le second.

CHAPITRE VI.

DE LA FORME DES CESSIONS OU RENONCIATIONS A L'HYPOTHÈQUE LÉGALE DE LA FEMME.

§ 1er. — *De la forme extérieure des actes contenant cession ou renonciation de l'hypothèque légale.*

79. — L'article 9 de la loi du 23 mars 1855 s'explique à ce sujet: « Dans les cas où les femmes peuvent céder leur hypothèque » légale ou y renoncer, cette cession ou cette renonciation *doit être* » *faite par acte authentique.* »

L'article 11 du projet présenté par le conseil d'État était encore plus explicite: « *Les femmes ne peuvent céder leurs droits à l'hypo-* » *thèque légale ou y renoncer que par acte authentique.* »

C'est certainement dans une idée de protection pour la femme, que le législateur a prohibé les cessions et renonciations faites par acte sous seing privé. Il a pensé que la solennité, les conseils de l'officier public pourraient éclairer la femme sur l'importance du contrat. Aussi, bien que l'article 9 ne prononce pas la nullité d'une cession ou d'une renonciation dénuée d'authenticité, il n'en faut pas moins regarder un acte sous seing privé en cette matière comme n'ayant aucune force. Les termes de la loi, qu'on les prenne soit dans la rédaction définitive, soit dans le projet du conseil d'État, sont directement impératifs. Qu'importe après cela que les rédacteurs de l'article 9 n'aient pas ajouté ces mots *à peine de nullité ?* Et en vain dirait-on que les nullités ne se suppléent pas. L'article 2127 du Code Napoléon n'annule pas les hypothèques conventionnelles consenties par acte sous seing privé, et cependant qui a jamais pu croire à leur validité? Il résulte de l'exposé des motifs et des documents historiques, que le législateur a voulu, en ce qui concerne l'authenticité, assimiler la cession de l'hypothèque légale à la constitution d'une hypothèque conventionnelle. (Voir le rapport de M. Suin, et les projets du gouvernement, du conseil d'État et de l'Assemblée nationale, en 1851.)

80. — Puisque l'authenticité est exigée dans un but de protection pour la femme, il est clair que le mandat donné par celle-ci, à l'effet de céder son hypothèque, doit être authentique? La même question s'était élevée sous le code Napoléon, à l'occasion du mandat à l'effet

de constituer une hypothèque conventionnelle. Un dernier revirement de la cour de Cassation regarde l'authenticité comme aussi bien nécessaire pour le mandat que pour la constitution elle-même. En effet, si l'on admet l'acte sous seing privé, il est impossible d'affirmer que le consentement du constituant l'hypothèque a été authentique. La même manière de décider s'appliquera sans aucun doute à l'hypothèque légale de la femme. Comment cette dernière serait-elle protégée efficacement, si elle ne se présente pas elle-même devant un officier public. Autrement l'obligation de l'authenticité ne serait qu'une comédie.

Je dis ensuite que le mandat doit être spécial, c'est-à-dire exprimer le montant de la somme jusqu'à concurrence de laquelle la femme veut grever son hypothèque légale.

Un mandat général surtout, s'il était donné au mari, ne serait qu'une abdication de l'hypothèque faite par la femme en dehors des articles 2,144 et suivants.

§ 2. — *Comment l'hypothèque légale peut être cédée.*

81. — Les praticiens ont distingué les modes exprès des modes tacites ; la jurisprudence et les auteurs les ont suivis dans cette voie.

Lorsque la femme, prenant la parole au contrat, déclare expressément altérer son hypothèque légale au profit d'un tiers, aucune difficulté ne peut s'élever, je ne dirai pas sur l'étendue de ce consentement, mais sur ce consentement lui-même ; toutefois, le législateur n'ayant pas tracé de paroles sacramentelles, la question de savoir si le consentement de la femme est donné, peut donner lieu à une discussion de fait que les tribunaux devront régler.

82. — Quant aux modes tacites, les choses ne sont pas aussi simples : d'abord, sitôt que l'on admet en cette matière cette manière d'agir, il est impossible de prévoir théoriquement les mille circonstances desquelles on pourra déduire une cession de l'hypothèque. Toutefois, la discussion peut se restreindre aux trois faits les plus usuels ; ce sont les suivants :

L'engagement solidaire de la femme au profit d'un créancier chirographaire du mari.

L'engagement solidaire de la femme à l'égard d'un créancier hypothécaire du mari.

Et enfin la présence de la femme à la vente d'un immeuble du mari,

Occupons-nous des deux premiers.

83. — D'abord admis avec empressement par les tribunaux, le système qui fait résulter la cession de la simple présence de la femme à l'engagement du mari, a eu enfin le sort qu'il méritait. La doctrine et la jurisprudence sont aujourd'hui unanimes pour le rejeter.

« La jurisprudence méconnaissait assurément et de la manière la
» plus grave la portée d'une obligation qui, pour être solidaire, n'en
» est pas moins personnelle ; à ce dernier titre, l'obligation peut
» bien conférer au créancier envers lequel elle est prise, le droit de
» gage général résultant des articles 2092 et 2093 et par suite, elle
» peut permettre à ce créancier d'exercer les droits de la femme sa
» débitrice, dans l'ordre ouvert sur le prix des biens du mari et de
» concourir avec tous les autres créanciers chirographaires, dans la
» répartition du montant de la collocation ; mais, à coup sûr, elle
» laisse intacts entre les mains de la femme les droits résultant de
» son hypothèque légale, etc. »

(M. Pont, *Priviléges et hypothèques*, 2ᵉ partie.)

84. — Lorsque, d'une part, le mari emprunte et constitue une hypothèque sur un de ses immeubles au profit du prêteur ; lorsque, d'autre part, la femme intervient au contrat et s'engage solidairement envers ce même créancier, faut-il induire de ces faits une altération de l'hypothèque légale ? Les auteurs et la jurisprudence sont unanimes pour décider l'affirmative. Mais il y a dissidence pour régler les effets de cette altération.

M. Troplong n'hésite pas. L'engagement de la femme vaut cession de l'hypothèque légale au profit du créancier hypothécaire.

M. Pont suit les mêmes errements.

M. Benech, le seul auteur qui ait écrit spécialement sur la matière depuis la loi de 1855, ne voit ici qu'une renonciation *privative*.

S'il faut prendre parti entre ces différentes décisions, j'avouerai mon embarras ; le système de M. Benech serait plausible si l'art. 9 ne rejetait pas les renonciations *purement privatives* comme n'étant pas opposables aux tiers.

Reste à considérer l'engagement de la femme comme cession de l'hypothèque, et par cession de l'hypothèque j'entends ici la cession proprement dite, la renonciation *in favorem* investitive, ou la cession d'antériorité. Mais est-il prouvé que la loi admette les *cessions tacites* de l'hypothèque légale? ce doute semblera peut-être étrange.

85. — Cependant, qu'on suppose à la place de la femme un autre créancier hypothécaire, *Primus*, par exemple, qui s'engage avec son débiteur envers *Secundus*, autre créancier hypothécaire inscrit sur le même immeuble; tout le monde s'entendra pour dire avec Marcien et Paul, dans le droit romain, avec Pothier dans l'ancien droit français, que *Primus*, par le fait seul de son engagement, n'est plus créancier hypothécaire.

Dira-t-on jamais qu'il y a au profit de *Secundus*, *cession tacite* des droits hypothécaires du créancier *Primus*? Quel auteur ancien ou moderne soutiendrait une pareille thèse? Sur quel texte s'appuiera-t-il? Est-ce Marcien, est-ce Paul, qui viendront à son secours? Est-ce Pothier? est-ce l'art. 2180 du Code Napoléon? Mais tous prévoient une extinction tacite non une cession tacite de l'hypothèque. Eh bien, je le demande, pourquoi admettre une différence si profonde entre la femme et un créancier quelconque? Pourquoi la première cèdera-t-elle son hypothèque, lorsque le second sera réputé seulement y renoncer? Je n'en vois pas bien la raison.

Comment, au surplus, sera-t-il satisfait à ce but de protection que s'est imposé le nouveau législateur à l'égard des femmes, en exigeant l'authenticité de la cession? Comment les conseils de l'officier public éclaireront-ils la femme sur les dangers d'une cession sur laquelle les parties se garderont bien d'ouvrir la bouche?

Ajoutons que les cessions sont des droits de préférence conventionnels. Le législateur les a assimilées aux hypothèques conventionnelles, pour la forme extérieure de leur constitution. A-t-on jamais entendu parler d'une hypothèque conventionnelle tacite?

Enfin, à ne consulter que l'intention des parties, est-il bien vrai que la présence de la femme ne puisse pas s'expliquer sans supposer chez elle ni l'abandon ni la cession de l'hypothèque légale? N'est-ce pas principalement pour ajouter son crédit au crédit du mari que la femme s'engage? En vain dirait-on qu'elle a garanti la validité de l'hypothèque, et qu'en exerçant la sienne au détriment de celle-ci, la femme violerait la maxime *quem de evictione tenet actio eumdem agentem repellit exceptio*. Il faudrait, si l'on admettait cette idée, dire qu'une caution ne peut pas, tant que le créancier n'est pas désintéressé, agir en aucune manière contre le débiteur principal ; car *il a garanti sa solvabilité.* Cette application de la maxime *quem de*, etc... a été tout à l'heure trouvée mauvaise par M. Pont lui-même, lorsqu'il s'agissait de l'engagement de la femme envers le créancier chirographaire du mari. Enfin l'art. 544 du Code de commerce la condamne formellement, puisqu'il suppose qu'une caution peut se présenter à la répartition des biens du débiteur principal, en concurrence avec le créancier *même pour* la partie de la dette payée par la caution au créancier.

86. — En résumé, l'engagement de la femme n'emporte ni la cession, ni la renonciation privative de son hypothèque légale; la cession, parce qu'il n'y a pas de gage tacite autrement que dans les cas limitativement déterminés ; la renonciation, parce que d'après la loi de 1855, les renonciations extinctives ne sont pas opposables aux tiers.

87. — Il sera maintenant facile de déterminer l'effet au point de vue de l'hypothèque légale du concours solidaire de la femme à la vente d'un immeuble du mari.

On doit y voir une remise faite par la femme au tiers acquéreur de la nécessité de la purge légale. En effet, la loi de 1855, dans son article 9, n'a prévu que les altérations de l'hypothèque légale au profit de créanciers, les renonciations au profit de tiers acquéreurs rentrent donc dans le droit commun. Cela résulte des expressions mêmes de l'art. 9, qui parle du rang à établir entre les créanciers. Il s'agit ici uniquement de la libération d'un gage par voie de renonciation tacite.

Il suit de là que ce genre de renonciation pourra être consenti autrement qu'en la forme authentique, et qu'il sera opposable aux tiers, sans aucune condition de publicité, du jour où l'acte d'aliénation sera parfait.

Mais cette renonciation ne doit pas dépasser le but que les parties ont voulu atteindre : remettre à l'acquéreur les formalités de purge légale. La femme conserve donc son droit de préférence sur le prix, tant à l'égard des créanciers du mari qu'à l'égard du mari lui-même, qui ne pourra disposer du prix au détriment de sa femme. En vain dirait-on que le droit de suite et le droit de préférence sont connexes et ne peuvent exister l'un sans l'autre ; en vain ferait-on remarquer que le droit de préférence de la femme nuit au tiers acquéreur, puisque les créanciers du mari seront davantage portés à surenchérir l'immeuble si le prix ne suffit pas à les désintéresser ; il faut répondre que cette prétendue connexité du droit de suite et du droit de préférence vient de recevoir un éclatant démenti dans la nouvelle loi sur les ordres. Au surplus, la femme a bien promis de ne pas nuire directement à l'acquéreur par l'exercice de l'hypothèque légale, mais elle n'a pas promis de lui nuire indirectement, par l'exercice du droit de préférence ; il a dû même s'y attendre.

CHAPITRE VII.

DE LA PUBLICITÉ.

88. — Les cessionnaires des droits hypothécaires de la femme n'en sont saisis, *à l'égard des tiers*, que par, etc.

C'est le propre de tout droit de préférence d'être appelé à nuire aux tiers, puisque son résultat est de faire supporter à certaines personnes l'insuffisance du gage commun. La loi désire que ces personnes soient averties, par la publicité, de l'état du patrimoine de leur débiteur. On peut donc donner pour formule que les tiers à l'égard desquels la publicité est nécessaire, sont tous ceux contre lesquels le droit de préférence du cessionnaire est appelé à s'exercer.

89. — C'est incontestablement les différents subrogés entre eux. Puisqu'on leur applique la règle *prior tempore*, *potior jure*, il était juste qu'un créancier, traitant avec la femme, ne pût pas être primé par un droit de préférence occulte. Ce fâcheux résultat était pourtant le droit commun de la France sous l'empire du Code Napoléon. Le droit du subrogé avait pour point de départ le moment où la subrogation avait une date certaine, de sorte que la femme, en subrogeant vingt fois, pouvait tromper dix-neuf créanciers qui tous se croyaient au premier rang. La loi de 1855 a donc fait ici une innovation fort utile.

90. — Le droit de préférence des subrogés empêche le montant de la collocation de la femme d'être distribué comme chose mobilière entre ses créanciers chirographaires, conformément à l'art. 775 du Code de procédure civile. Pour être ensaisiné à leur égard, les cessionnaires devront donc satisfaire à la loi de publicité.

91. — Jusqu'ici, pas de difficultés. Mais faut-il considérer comme *des tiers* les créanciers du mari ? Les opinions sont partagées.

M. Troplong la résout en ces termes contre les créanciers du mari :

« A qui profitera le défaut de l'inscription de l'hypothèque légale
» par le cessionnaire ? Les créanciers hypothécaires postérieurs du
» mari pourront - ils s'en prévaloir ? Non ; ils n'y ont pas intérêt,
» car le cessionnaire écarté, la femme prendrait sa place ; et comme
» elle n'a pas besoin de justifier d'une inscription, elle serait colloquée.
» Vainement les créanciers du mari objecteraient-ils à la femme qu'elle
» a cédé son hypothèque ; cette cession, qui n'a pas été régularisée à
» leur égard et qui est d'ailleurs pour eux *res inter alios acta*, ne peut
» ni leur nuire, ni leur profiter. »

M. Pont suit les errements de M. Troplong. Néanmoins M. Mourlon
annonce en note, dans la *Revue pratique*, qu'il prouvera que la publicité doit avoir lieu *à l'égard des créanciers du mari*.

92. — Ce qui pourrait faire hésiter, ce sont certaines paroles de l'exposé des motifs qui, en effet, semble donner raison au système de la
publicité, même à l'égard des créanciers du mari :

« L'existence de l'hypothèque légale, indépendamment de toute
» inscription, a soulevé d'interminables débats ; nous ne voulons
» même pas donner le plus léger prétexte de les renouveler. Cette
» grande faveur sera maintenue tant que sera maintenue sa raison
» d'être.

» Le cessionnaire des droits de la femme n'est protégé, quant à
» lui, par aucune des considérations qui peuvent empêcher la femme
» de prendre inscription contre son mari ; il ne doit donc pas jouir de
» la même exception, et l'intérêt des tiers se présente alors entier pour
» réclamer une publicité d'hypothèque si nécessaire à la sécurité des
» transactions. »

On pourrait induire de là une solution conforme à celle de M. Mourlon ; mais outre qu'il ne faut pas se fier beaucoup aux exposés des motifs qui représentent, non la pensée de la loi, mais la pensée indivi-
duelle de leur auteur, M. Suin parle encore, d'une manière générale,
des tiers, sans les spécifier ; il parle des tiers à l'intérêt desquels
pourrait nuire ce défaut de publicité. Les créanciers du mari peuvent-
ils recevoir un préjudice quelconque de cette cession occulte d'hypothèque légale ? Voilà ce qui reste à prouver.

D. — « Les cessionnaires n'en sont saisis à l'égard des tiers que
» par l'inscription de cette hypothèque prise à leur profit, ou par la

» mention de la subrogation mise en marge de l'inscription préexis-
» tante. »

Par la cession d'hypothèque, et j'entends aussi la cession proprement dite, la renonciation *in favorem*, et la cession d'antériorité,
l'hypothèque légale de la femme se trouve grevée ; les biens du mari
restent intacts. C'est donc sur l'hypothèque légale de la femme et
non sur les immeubles du mari que la cession doit être inscrite ou
mentionnée. Les tiers qui veulent traiter avec la femme demanderont
aux conservateurs un état des inscriptions ou mentions prises sur
l'hypothèque légale de la femme, et le conservateur doit pouvoir le
délivrer. Il faut, en un mot, que le crédit de la femme, en ce qui
touche son hypothèque légale, ait la transparence du verre, comme la
maison de Lucullus.

94. — Mais comment publier ce droit de préférence ?

L'art. 9 répond à cette question : le cessionnaire a deux modes à
son choix :

Ou inscrire l'hypothèque légale à son profit ;

Ou mentionner la cession en marge de l'inscription préexistante,
prise au nom de la femme.

D'après M. Troplong, les deux formalités doivent être remplies par
le cessionnaire. Mais cette solution est contraire au texte de la loi, qui
emploie la disjonction *ou* au lieu de la conjonction *et*.

M. Mourlon croit bien que l'une des formalités est suffisante ; mais,
selon lui, le subrogé n'est pas libre de choisir. L'hypothèque légale de
la femme est-elle inscrite en son nom au moment où le subrogé veut
publier son droit, c'est la voie de la mention qu'il doit prendre ; n'est-
elle pas inscrite, il doit le faire à son profit.

Le texte de l'article doit faire rejeter ce système ; il n'établit aucune
prééminence d'un mode sur l'autre. « Les cessionnaires ne sont saisis
» à l'égard des tiers que par l'inscription prise en leur nom *ou* par la
» mention mise en marge de l'inscription préexistante au nom de la
» femme. »

95. — A quel bureau d'hypothèques le subrogé doit-il publier son
droit pour être saisi à l'égard des tiers ? En cas de renonciation *in
favorem*, faite dans les termes de la loi de 1855, à un créancier hypothécaire inscrit sur un immeuble déterminé du mari, ou en cas de cession d'antériorité, le droit du créancier sera évidemment publié au
bureau des hypothèques de la situation de l'immeuble, c'est qu'alors

le droit du créancier ne dépasse pas cet immeuble. Mais en cas de cession générale de l'hypothèque légale, à quelle conservation le cessionnaire doit-il manifester son droit de préférence? Est-ce dans tous les bureaux où le mari a des immeubles ou dans un seul?

EXEMPLE: Une femme qui doit m'emprunter, m'offre une cession entière, aussi étendue que possible, de son hypothèque légale. Mais avant la réalisation du prêt, je veux connaître l'état des subrogations qui grèvent l'hypothèque légale et qui pourront m'être opposées. — Où faut-il m'adresser? Si je vais à la conservation des hypothèques de Paris, qui me répondra qu'une cession inscrite dans une des conservations de France n'ait déjà épuisé la valeur de la collocation future de la femme. De mon côté, pour publier mon droit, faut-il m'inscrire dans tous les bureaux où le mari peut avoir des immeubles, ou pourrais-je faire valoir les droits de la femme même sur des immeubles situés dans d'autres bureaux que ceux dans lesquels je suis inscrit?

La loi de 1855 reste muette à cet égard. La première solution est seule logique, mais elle est, en fait, impraticable et donne lieu à des difficultés presque inextricables. Qu'arrivera-t-il, par exemple, si le cessionnaire général n'est pas inscrit le même jour dans les différents bureaux (ce fait est de nature à se rencontrer à chaque instant), et que, dans l'intervalle d'une inscription à l'autre, un autre subrogé ait publié son droit?

La seconde solution paraît être celle de l'art. 9, qui parle au singulier de l'inscription et de la mention. Mais c'est presque l'anéantissement du système de la publicité; car il suffira au nouveau cessionnaire de ne pas lever un état des subrogations dans un bureau, où il ne croyait pas que le mari eût des immeubles, pour se voir primé par des causes de préférence qu'il n'a pu connaître. Ceci est d'autant plus vrai, que la cession de l'hypothèque légale, restreinte à un immeuble du mari, n'en grève pas moins toute l'hypothèque légale de la femme, comme cela a été expliqué dans les numéros 35 et 61. Or ce créancier cessionnaire ne peut être forcé à s'inscrire que dans le bureau où se trouve l'immeuble en question.

Il faut donc reconnaître que la publicité des subrogations de la femme, saluée par tous comme une heureuse innovation, est encore bien imparfaite.

96. — Il nous reste à examiner quelques questions qui se sont

élevées sur cet important sujet et dont la solution découle des principes ci-dessus expliqués.

Première Question. — Le créancier qui est à la fois cessionnaire de l'hypothèque légale et créancier hypothécaire du mari, satisfait-il à l'art. 9, lorsqu'il publie son droit sur l'hypothèque de la femme dans la même inscription, que son droit hypothécaire sur le mari ?

M. Ducruet, président de la Chambre des notaires de Lyon, qui adopte l'affirmative, offre aux praticiens, à la fin de son livre, *sur les difficultés que présente l'application de la loi sur la transcription,* la formule suivante :

« Bordereau de créance résultant de.....

» au profit de.....

» contre.....

» cette créance se compose de.....

» Pour sûreté et conservation de cette créance limitativement,
» M... requiert à son profit et privativement, en conformité de l'art. 9
» de la loi du 23 mars 1855, et non dans l'intérêt de la dame... qui ne
» devra pas en profiter, l'inscription :

» 1° de l'hypothèque conventionnelle résultant de, etc.;

» 2° de l'hypothèque légale dans laquelle il a été subrogé par dame
» ...., épouse du sieur ....; laquelle hypothèque légale a pour
» objet la conservation de la dot et des conventions matrimoniales por-
» tées au contrat de mariage de ladite dame, reçu par M° ..... ainsi
» que de tous autres droits, créances et reprises dont la valeur est
» indéterminée.

» Sur, etc.... »

97. — Je ferai observer que le créancier hypothécaire dont s'agit a deux droits de préférence sur différents objets, appartenant à des débiteurs différents; ces deux droits sont distincts: le premier, l'hypothèque conventionnelle existe sur un immeuble du mari ; le second, la cession, existe sur la collocation future provenant de l'hypothèque légale de la femme. Tous les deux ont des modes de publicité différents, pourquoi les fusionner ?

Il faut que le tiers qui prendra connaissance des registres voie clairement dans quel état se trouve l'hypothèque légale de la femme. Ce résultat est-il atteint par la double inscription de M. Ducruet?

Au surplus, comme le cessionnaire ne peut courir aucun danger en prenant deux inscriptions séparées, ses conseils feront bien de lui faire prendre ce dernier parti qui, au prix de frais d'ailleurs minimes, établira ses droits d'une manière non équivoque.

98. — DEUXIÈME QUESTION. — Le cessionnaire qui a satisfait à la publicité de l'art. 9, peut-il donner mainlevée sans la participation de la femme?

Sans aucun doute. Autant demander si un créancier hypothécaire inscrit sur un immeuble peut toujours, quand bien même l'immeuble passe entre les mains d'un tiers-détenteur, donner mainlevée sans la participation du débiteur. Les inscriptions prises au nom des subrogés grèvent l'hypothèque légale de la femme; pour quel motif empêcher ces subrogés d'en abandonner le bénéfice ?

99. 3ᵉ QUESTION. — Quel est le mode de publicité des renonciations extinctives faites par une femme au profit de l'acquéreur d'un immeuble du mari ?

On préjuge l'intérêt de la question. C'est seulement du jour où la renonciation est censée publiée qu'elle est opposable aux tiers qui ont reçu des cessions.

Il est clair que les formalités de l'art. 9 ne sont pas susceptibles de s'appliquer ici, puisqu'il ne s'agit que d'une renonciation extinctive. Or, puisque la loi n'en a pas parlé, il est juste d'appliquer le droit commun; la renonciation sera opposable aux tiers dès qu'elle sera consentie par la femme et que l'aliénation de l'immeuble sera consommée. Ceux qui auparavant auront été subrogés par la femme, ne pourront plus s'inscrire au préjudice du tiers acquéreur, puisqu'ils n'étaient pas saisis de leur droit, faute de publicité au moment où l'acquéreur est nanti du sien. En un mot, ils perdent le droit de suite.

Toutefois, cette solution n'est pas applicable aux créanciers nantis des droits hypothécaires de la femme, par des actes ayant date certaine avant le 1ᵉʳ janvier 1856. En effet, ces subrogés sont placés sous l'empire du Code Napoléon, et n'ont à remplir aucune condition de publicité. Leur droit, valable par lui-même à l'égard de tous, quoique occulte, n'a pu être altéré par la femme. Le tiers acquéreur qui voudra se mettre en garde contre les subrogations consenties avant le 1ᵉʳ janvier 1856, n'a pas d'autre moyen que de remplir les formalités de purge légale.

CHAPITRE VIII.

DU RECOURS DE LA FEMME CONTRE SON MARI.

100. — J'ai essayé d'établir dans le n° 21, que la cession de l'hypothèque donnait au créancier cessionnaire un droit de préférence dans le sous-ordre ouvert sur la collocation de la femme. J'en ai tiré la conséquence que, du moment que l'hypothèque légale de la femme avait été exercée, la créance de reprises était éteinte et que peu importait pour l'extinction de cette créance, que le produit de la collocation de la femme lui ait été remis directement ou ait passé ès-mains des cessionnaires de l'hypothèque. En définitive, il y a une double opération qu'il importe de saisir.

La femme reçoit d'une main le montant de sa collocation et en donne quittance au mari ; de l'autre main, elle paie les créanciers cessionnaires. Il suit évidemment de là que, si les créanciers cessionnaires sont des créanciers particuliers du mari, la femme a un recours contre celui-ci dont elle a acquitté la dette.

101. — Deux actions lui sont ouvertes pour l'exercice de ce recours.

La première, l'action de gestion d'affaires est garantie par une hypothèque légale dont le rang est réglé par l'époque où l'obligation de la femme, à l'égard des créanciers du mari, a reçu date certaine, que cette obligation ait précédé la subrogation consentie par la femme, ou ait été concomitante à cette subrogation.

La seconde, l'action du créancier désintéressé acquise à la femme par la subrogation personnelle, en vertu de l'art. 1251, § 3. En effet, la femme était tenue avec son mari et pour son mari au paiement de la dette ; elle avait intérêt de l'acquitter et l'a acquittée en effet. Elle est donc subrogée par la toute puissance de la loi dans les droits, actions, hypothèques et priviléges du créancier désintéressé.

102. — Ce n'est pas ici le lieu de faire une théorie de la subrogation personnelle ; mais on se tromperait fort si l'on croyait que ces deux actions sont identiques et qu'il n'y a aucun intérêt à les distinguer. Le seul point commun entre elles est que toutes deux elles concourent à indemniser la femme, et par conséquent, l'une sera éteinte par l'exercice

utile de l'autre, mais elles concourent à ce but par des modes divers et suivant une mesure différente.

103. — L'action en indemnité est garantie par une hypothèque dont l'ordre est déterminé par l'engagement de la femme.

L'action acquise par la subrogation est la même que celle qui appartenait au créancier désintéressé. Elle peut être garantie par une hypothèque dont le rang est souvent postérieur, mais peut aussi être antérieur à celui de l'hypothèque légale de la créance de gestion d'affaires. Cette hypothèque du créancier peut avoir été conservée sur des biens aliénés par le mari et que ne frapperait plus l'hypothèque légale ; enfin, la subrogation donne à la femme les priviléges de l'ancien créancier, tandis qu'en dehors de l'hypothèque légale, l'action de gestion d'affaires est purement personnelle.

104. — D'un autre côté, l'action de gestion d'affaires donne à la femme une indemnité plus large : en effet, la femme étant considérée comme caution de son mari, elle peut agir avant d'avoir payé, lorsqu'elle se trouve dans un des cas prévus par l'art. 2032.

De plus, les intérêts payés par la femme au créancier se réuniront au capital pour produire *hic et nunc*, sans qu'il soit besoin de sommation ni de demandes judiciaires de nouveaux intérêts. Il sera même possible que la femme, se prévalant de l'article 2028, demande et obtienne de son mari des dommages-intérêts plus forts que les intérêts légaux.

105. — Rien de tout cela n'est vrai si la femme argue de la subrogation dans les droits du créancier.

D'une part, il est clair qu'elle ne peut réclamer avant d'avoir payé.

D'autre part, elle n'aura jamais plus de droits, comme subrogée, que n'en avait le créancier. — En conséquence, le capital seul produira des intérêts en sa faveur ; jamais elle ne pourra réclamer les intérêts des intérêts. C'est ce que la loi romaine avait déjà réglé depuis longtemps :

Sciendum est secundo creditori rem teneri etiam invito debitore, tam in suum debitum quam in primi creditoris et in usuras suas et quas primo creditori solvit. Sed tamen usurarum quas creditori primo solvit, usuras non consequetur, non enim negotium alterius gessit, et magis suum.

106. — C'est à la femme à choisir, suivant son intérêt, entre ces deux actions : l'action de gestion d'affaires avec hypothèque

légale, ou la subrogation dans les droits du premier créancier.
Rien n'empêche, au surplus, la femme, après avoir agi utilement contre
son mari en vertu de la subrogation, de recourir à l'action personnelle
avec hypothèque légale, pour toute la différence du rapport de ces
deux actions.

107. — La combinaison de l'article 1431 avec l'article 2037 fait
naître une question digne d'intérêt.

La femme sera-t-elle libérée lorsque la subrogation aux droits, hypothèques et priviléges de ce créancier cessionnaire de l'hypothèque
légale ne pourra pas, par le fait de ce dernier, s'opérer en sa faveur ?

Mettons d'abord à l'écart l'hypothèse où la femme aurait plus d'intérêt à agir en vertu de son hypothèque légale, qu'à entrer dans les
droits du créancier. Il est clair que dans ce cas elle ne peut se plaindre
de l'impossibilité de la subrogation.

Mais, par hypothèse, l'hypothèque légale est impuissante pour procurer à la femme son remboursement. La femme peut-elle dire au
créancier : « J'étais caution de mon mari (art. 1431 du code Napoléon). La caution est libérée lorsque la subrogation, dans les droits
du créancier, est devenue impossible par le fait de ce dernier (article 2037) ; donc je suis libérée envers vous ; la cession d'hypothèque
légale que je vous avais consentie est réputée non avenue. » Si ce
langage est bien placé dans la bouche de la femme, ses créanciers
personnels pourront le tenir en vertu de l'art. 1166.

Plusieurs distinctions doivent être faites : si la femme ne s'est pas
engagée personnellement envers le créancier, mais seulement dans
la limite de sa future collocation, son langage devra être admis.
C'est en effet une véritable caution restreinte au montant de sa collocation.

Mais si l'engagement de la femme embrasse tout son patrimoine, il
faut rechercher dans quels termes elle est intervenue vis-à-vis du créancier, sans s'arrêter à l'article 1431, qui règle seulement les rapports
entre le mari et la femme.

A-t-elle agi comme caution simple, comme caution solidaire, ou
s'est-elle présentée comme codébitrice solidaire de son mari ?

L'article 2037, applicable dans les deux premiers cas, ne l'est pas
dans le troisième.

CHAPITRE DERNIER.

RÉSUMÉ.

108. — Toutes les législations ont compris que la fortune des femmes devrit être sauvegardée. Dans quel but ? Éviter aux femmes cette nécessité, rendue par nos mœurs si dure et si périlleuse, de gagner leur vie du travail des mains, tel a pu être le premier mobile de la loi. Mais une considération plus élevée n'a pu être étrangère à l'œuvre du législateur. L'organisation et l'existence même de la société ont pour base l'organisation et l'existence de la famille. Où et comment la famille, formée du mariage, sera-t-elle constituée d'une manière solide, si la misère en a dispersé les membres ? En plaçant la fortune des femmes à l'écart des entreprises imprévoyantes du mari, le législateur tarit entre les époux la source de ces reproches mutuels d'incapacité, qui par leur continuité aigrissent les caractères les mieux faits, et sont souvent la première cause d'une séparation de corps volontaire ou judiciaire. Les malheurs des père et mère pèsent alors doublement sur les enfants ; pour eux, privation et des exemples de la famille et des avantages pécuniaires que la naissance leur donnait le droit d'espérer. Au contraire, que le mari, malgré le naufrage de ses spéculations, que les enfants à tout âge trouvent auprès de leur mère un refuge assuré, et le lien conjugal se resserrera au souvenir des malheurs passés, et les enfants puiseront dans la fréquentation du foyer domestique cet amour de l'ordre qui fait les bons citoyens.

109. — Cet échafaudage de bonnes idées n'est-il pas détruit complétement par les conventions qui viennent d'être examinées ? N'est-il pas vrai que l'hypothèque légale créée en faveur de la femme tourne dans la pratique à son préjudice et à la faveur du mari, tellement qu'on peut dire avec raison que les cessions d'hypothèque légale, subrogation, renonciation, ont été inventées par des maris qui ont voulu faire contre mauvaise fortune bon cœur ? N'est-il pas vrai aujourd'hui que les maris ont intérêt, pour accroître leur crédit, d'augmenter le chiffre des reprises de la femme et que ce qui devait être la sauvegarde des femmes mariées est devenu le principe de leur ruine ?

« Ainsi l'hypothèque des femmes mariées sous un régime autre

« que le régime dotal, qui assure l'inaliénabilité de leur dot, est de-
» venue dans la pratique une abstraction sans réalité, une pure chi-
» mère. »

» Aussi ces garanties, si solides en apparence, s'en vont en fumée,
» ou du moins ne profitent aux femmes mariées qu'à l'égard des
» tiers les moins rigoureux dans leurs exigences, ou quelquefois
» même les plus dignes d'intérêt, tels que ceux dont le mari est de-
» venu le débiteur à raison d'un délit ou d'un quasi-délit dont il doit
» réparation (1). »

110. — A ce fâcheux état de choses quel est le remède à opposer ?
— Il faut laisser parler ici ceux que j'ai l'habitude d'écouter religieu-
sement.

La faculté de droit de Paris proposait en 1840 une disposition législative comme la suivante :

« La femme mariée ne pourra plus s'obliger comme caution de son
» mari ou comme débitrice conjointe ou solidaire avec lui, ni renon-
» cer pendant le mariage aux diverses sûretés réglées comme il a été
» dit plus haut, ni les céder ou y subroger, ni enfin céder les créances
» mêmes qu'elle a contre son mari, à moins que, dans ces divers
» cas, elle n'obtienne l'autorisation de justice. »

Quelques reproches qu'on ait faits à cette disposition, elle ne re-
produisait pas le sénatus-consulte velléien.

D'une part, la femme aurait pu intervenir librement pour tout autre
que pour son mari;

D'autre part, remplacer l'autorisation maritale par l'autorisation judiciaire, c'eût été diminuer la capacité du mari et non celle de la
femme.

Qu'importe, en effet, à cette dernière par qui elle doit être autorisée ? le mari ou le juge; son incapacité est la même dans les deux
cas.

111. — Si, au contraire, on admet avec de très-bons esprits l'op-
portunité des subrogations et renonciation à l'hypothèque légale, ne
faut-il pas accuser le législateur d'imprévoyance? Quoi, pour un contrat si usité et cependant si peu connu, pas de documents législatifs!
Un seul article jeté au milieu d'une loi étrangère au sujet.

---

(1) Opinion de la faculté de droit de Paris dans l'enquête hypothécaire de
1840, t. II, p. 446.

Que les chambres de notaires et les jurisconsultes qui s'occupent des cessions d'hypothèque légale sont bien loin de cette confiance que l'honorable M. Suin témoignait dans son exposé de motifs :

« On sait à quelles contestations a donné lieu l'exercice des droits » hypothécaires de la femme par les créanciers subrogés et quelles » difficultés il a soulevées. *Il y est mis fin* en donnant, etc., etc. »

Il suffit de réfléchir un peu pour être d'un avis tout différent.

PROPOSITIONS.

DROIT ROMAIN.

I. Le mariage chez les Romains était un contrat réel.

II. Si plusieurs créanciers hypothécaires postérieurs sont en discussion pour savoir à qui d'entre eux appartiendra l'exercice du *jus offerendi* à l'égard du premier créancier hypothécaire, la préférence appartient au deuxième, ensuite au troisième et ainsi de suite.

III. La donation faite par un conjoint à son conjoint d'une chose qui ne lui appartient pas est valable si le conjoint donateur n'était pas en voie d'usucaper.

IV. Le créancier hypothécaire peut sous-hypothéquer la chose même qui lui est hypothéquée.

DROIT CIVIL FRANÇAIS.

I. Le conjoint qui a obtenu la séparation de corps ne peut pas forcer son conjoint au rétablissement de la vie commune.

II. Les meubles peuvent être vendus à réméré.

III. En matière civile, la caution qui a partiellement désintéressé le créancier peut, concurremment avec lui, prendre part à la répartition des biens du débiteur principal.

IV. L'indemnité payée par une compagnie d'assurances pour l'incendie d'un immeuble doit se diviser par voie d'ordre entre les créanciers hypothécaires.

HISTOIRE DU DROIT FRANÇAIS.

I. La noblesse française a son origine dans l'entrustionnat.

DROIT DES GENS.

I. A l'exception de certains droits exclusivement réservés aux Français, les étrangers jouissent en France de tous les droits civils.

II. Les gens de l'équipage d'un vaisseau neutre, admis dans un port français, ne sont pas justiciables des tribunaux français pour tout ce qui se passe entre eux à bord du navire, pourvu toutefois que la tranquillité du port ne soit pas compromise.

DROIT PÉNAL.

I. Les circonstances aggravantes personnelles à l'auteur principal ne sont pas applicables au complice.

II. Un propriétaire ne peut pas, dans son parc fermé d'une enceinte continue, user de filets et autres engins prohibés.

PROCÉDURE CIVILE.

I. La vente d'un immeuble faite avec date certaine avant, mais transcrite après la transcription de la saisie est opposable au créancier chirographaire saisissant.

Vu :

G. COLMET-DAAGE.

Vu par le doyen,
G. A. PELLAT.

Permis d'imprimer,
LE VICE-RECTEUR,
CAYX.

IMPR. CENTRALE DES CHEMINS DE FER DE NAPOLÉON CHAIX ET Cⁱᵉ, 20, RUE BERGÈRE. — 0272

www.ingramcontent.com/pod-product-compliance
Lightning Source LLC
LaVergne TN
LVHW020214030726
842520LV00003B/1068